通勤大学MBA3

クリティカルシンキング〔新版〕

明治大学専門職大学院 グローバル・ビジネス研究科教授
青井倫一＝監修
Michikazu Aoi
グローバルタスクフォース(株)＝編著
GLOBAL TASKFORCE K.K.

通勤大学文庫
STUDY WHILE COMMUTING
総合法令出版

新版の出版に際して

■なぜMBAにおけるクリティカルシンキングを学ぶのか　～経営知識を活かすためのソフトスキル～

本書で取り上げるテーマである「クリティカルシンキング」は、物事の「考え方」「まとめ方」、そして「意思決定の仕方」を司る重要な頭脳の役割を果たします。具体的には、MBAコースの代表的な必須科目であるマーケティング、アカウンティング、ファイナンス、ヒューマンリソース、ストラテジーなどの言わば「ハードスキル」としての原理原則を実際の現場で適応させていく際に、様々な前提を鑑み、戦略・戦術・施策間の整合性を考え、意思決定をしていくための重要な「ソフトスキル」と言えます。

一時は世界の覇権を手に入れていた日本の電機メーカーが、現在では他のアジアメーカーの後塵を拝するようになり、一部は存続の危機を迎えています。世界のルールが激変している中、企業もこれまでのやり方を踏襲していては存続できません。強い者ではなく、適応できる者だけが生き残れる「適者生存の時代」になったのです。

そんな中、組織内で働く私たちも思考様式を180度変えなければならないタイミングにあります。上司からの指示を待ち、与えられた課題を完璧にこなすだけの「ロジカルシンキング」しかできない人材では、個人としての存在価値が認められなくなりつつあります。指示待ちではなく、自ら課題を発見し、設定した課題について、上司を含む周りを巻き込んで提案をし、解決をしていく「クリティカルシンキング」の思考が必要な時代にあるのです。

■本書の目的と対象者

本書を読んでいただく対象となるのは、どの世界でも通用する生きたビジネスの法則と理論を結びつけて、自分自身の市場価値向上につなげることをめざすビジネスパーソンのみなさんです。実際、前向きな人ほど時間がなく、通勤時間が唯一の自由時間である場合も多いと言えますが、電車の中で読むのに適したサイズの有用なビジネス書は数が限られています。本書は、今まで分厚いビジネス書を買ってはみたが時間がないために初めの1章しか読まずに本棚にしまい込んでしまっていた方でも、通勤時間、待ち合わせ時間などの細切れ時間を利用できることを前提に、わかりやすくしかもコンパクトに書かれています。また、この本を読むことにより、読者は「考える」「まとめる」「意思決定する」など、毎日連続的に活用する思考の重要なコンセプトである「クリティカルシンキング」についてケーススタディを中心とした構成で体系的に理解することができます。

■本書の構成

本書は第1章「主体的な課題設定」、第2章「論理的思考」、第3章「アウトプットでの活用」の構成になっています。まず、第1章「主体的な課題設定」では、問題の解決・改善に取り組む前に、まだ見えていない課題や改善点に周りから指示されずとも自ら「気づく」重要性とその設定方法について、基本的なルールと事例を説明します。次に第2章「論理的思考」では、第1章でみてきた主体的な課題設定に基づき、その課題の真の原因を掘り下げ、その掘り下げた課題の解決を行っていく重要なコンセプトと具体的なフレームワークについてみていきます。最後の第3章「アウトプットでの活用」では、第1章で扱った課題の設定方法および思考法、そして第2章で扱った因果関係およびMECEによる物事の整理の仕方、およびそのためのツールとしての経営的フレームワークを総合し、最終的なアウトプットとして活用するための方法論を学びます。

シリーズの他の書籍と同様、見やすさに配慮して図を入れ、見開き2ページで1つのテーマが完結するようまとめてありますので、どの章から始められても理解できるようにレイアウトされています。しかし、やはりＭＢＡを学ぶ最も重要な意義は「体系的」に理解をすることにありますので、虫食いにならないよう、順番にマスターしていくと最大限の学習効果をあげることができます。

■新版の特徴

「通勤大学ＭＢＡ」シリーズは、当初よりポケットサイズで「見開き1トピック２ページ」「全トピック図表付」、そして冗長説明を徹底的に省いた８００字以内の「簡潔説明」が特徴でしたが、本書は２００２年初版の新版として、以下の付加価値づけを行いました。

①理解を早めたり深めるために、各トピック冒頭に「一言ポイント」を新規追加
②理論を理解するための章末コラムの新規追加
③論理的思考との重要な違いを、特に課題設定の重要性を説くために追加

■謝辞

本書の出版にあたり、様々な方々にご協力をいただきました。まず、監修者として貴重なアドバイスを頂戴した元慶応ビジネススクールで校長を含め長い間ご活躍され、現在は明治大学専門職大学院グローバル・ビジネス研究科に移られた青井倫一教授に深くお礼を申し上げます。そして総合法令出版の田所陽一氏に感謝の意を表します。

通勤大学MBA3

クリティカルシンキング〔新版〕

■目次■

第1章　主体的な課題設定

第1節　クリティカルシンキングとは

第2節　課題設定の方法

第2章 論理的思考

第3節 論理の確認

第6節　MECEの応用　フレームワーク

第7節　ロジックツリー

第3章　アウトプットでの活用

第8節　ピラミッド構造

本文DTP・図表作成　横内俊彦

第1章
主体的な課題設定

第1章「主体的な課題設定」では、クリティカルシンキング、つまり批判的・論理的に物事を考えるための第一歩と言える〝課題を見つける〟技術について一通り把握できるよう、基本的なルールと事例を説明します。

まず、第1節「クリティカルシンキングとは」では、批判的・論理的に物事を考える思考法の定義と、日常の仕事の中での関わりを説明します。

次に第2節「課題設定の方法」では、与えられるのではなく、自ら気づいて課題をどのように設定するか、そして、そのために必要な思考様式や態度、およびそれらを阻む壁について具体的に説明します。

第1節　クリティカルシンキングとは

1-1 クリティカルシンキングとは

【ポイント!】クリティカルシンキングとは、「主体的な課題設定」に基づいた論理的思考。

本書では、クリティカルシンキングを「**その環境下における最適な価値判断基準に基づいた意思決定を行うための思考方法**」と定義しています。

専門家による代表的な定義としては、ロジック（論理性）のみならず、その場面における判断基準として、ロジックを使う前提となる「**明瞭さ、信頼性、正確性、関連性、深さ、幅、重要さ、公正さ**」といった広範な判断基準を含む意思決定を扱うものが特にクリティカルシンキングの領域として指摘されています（※）。たとえば、哲学者のエニスはクリティカルシンキングを「何を信じて何を行うかの決断に焦点を置いた、論理的で思慮深い

クリティカルシンキングとは

「主体的な課題設定」

＋

「論理的思考」

Ennis「何を信じて何を行うかの決断に焦点を置いた、論理的で思慮深い思考」
Paul「ある知識や人間の関心事の領域の中で、技術をもって思考の目的を追い求める、訓練された、論理的、自発的な思考」
Smith「先入観を排し、証拠を集め、仮説を慎重に考慮、評価して結論に達しようとする、論理的かつ合理的な過程 」

論理的に正しいことはたくさん存在する。
つまり論理的に間違っていないものが最適解とは言えない。
最善策、次善策を考え、打ち続けることこそがビジネスの現場で必要な思考であり、そのために主体的な課題設定が必要

思考」と定義しています。

ここで重要なことは、「**その環境下における最適な価値判断基準とは何か？**」という点です。それを導き出すためには、必ずしも明示されていない課題や前提を、自分の頭でさまざまな仮説とともに推論しながら結論を導き出すという「**主体的**」な提案力が必要です。「論理的」な思考はその後の問題解決に必要な十分条件の一つに過ぎません。つまり論点を見極めることこそが行動のための必要条件であり、それによってはじめて課題に気づくことになります。

（※）参照：Edward M. Glaser（1941）. An Experiment in the Development of Critical Thinking. New York, Bureau of Publications, Teachers College, Columbia University

1-2 MBAとクリティカルシンキング

【ポイント！】経営セオリーを知っているだけでは数式の暗記と同じ。MBA入学の時点で実際に最重要視されるのは「クリティカルシンキング」の力。

「クリティカルシンキング」を必須科目としているビジネススクールは海外を含めそれほど多くありません。しかし、MBAを受験する前の段階で、そのポテンシャルを測る言語と係数分析の必須試験であるGMAT（Graduate Management Admission Test）におけるCritical Reasoning（論証問題）やProblem Solving（問題解決）の項目などでは必ずと言っていいほどお目見えする重要な能力です。

この価値判断を伴う思考力は、応用問題を解くための「**地アタマ**」の部分とされ、会計やマーケティングといった各領域の経営知識・セオリーよりも「**はるかに重要な基礎能**

GMAT®の構成

セクション	内容
Verbal（言語能力）	Reading Comprehension（読解力）
	Sentence Correction（文法力）
	Critical Reasoning（批判的・論理的思考）
Quantitative（数学能力）	Problem Solving 1（問題解決力1）
	Problem Solving 2（問題解決力2）
	Data Sufficiency（情報処理能力）
Analytical Writing Assessment（ライティング力）	Analysis of an Issue（課題の分析）
	Analysis of an Argument（議論の分析）

※GMAT® は GMAC(Graduate Management Admission Council) のトレードマークです。

力」とされています。たとえば、ユニクロの成功事例を学んだからといって、その戦略が自社で成功するかどうかは、組織の特徴的な能力や保有する資産、連携先、その時々の外部環境の状況によって異なります。つまり、「自社」の能力を考えつつ、「限られた資源をいかに活用していくか？」ということをカスタマイズして考えることにこそ意味があるのです。

そして、このクリティカルシンキングの力は、常に異なる立場や前提や視点で物事を捉え、異なる判断基準でそれぞれの最適案、次善策を考えられる習慣と心がけを意識的に持ち、かつ日々実践していくことで、向上させることができるのです。

1-3 〝クリティカル（批評的）に〟考えるとは？

【ポイント！】常に「何を前提に、何を重視すべきか」を考えよう。そして、前提が変わればこれまでの法則がそのまま成り立つかどうかを検証しよう。

私たちは、目の前に見える問題のみを考えがちです。そして著名な人物が言ったことを無批判に受け入れがちです。クリティカル（批評的）に考えるということは、こうした「**思考停止状態**」または「**ゆでガエル状態**」を避けるということにほかなりません。

そこで重要になるのが、「**常にゼロベースで批判的に物事を捉える**」という態度です。ここで批判すべき対象は「無条件に他人の意見や事実を受け入れる自分の頭」であって、相手の意見に対し単に批判をする「批評家」を意味するものではありません。言うまでもなく、「**最終的にどうすべきか？　どう改善すべきか？**」という問題解決が大前提になり

“クリティカル（批評的）”に考えること

	クリティカルシンキング	クレーマー的批評家・評論家
目的	全体最適（問題解決・改善）	部分最適（相手の論破）
批判の対象	無批判で物事を受け入れる自分の思考	粗探しを行う対象となる相手の思考

ます。つまり、その目的を達し得ない提案・代替案なき主張は価値を見出されません。クリティカルシンキングの目的はあくまで「**最適と思われる結論を出すこと**」であって、決して「相手の理論を打ち負かすこと」ではないからです。

批判的にものを考える、ということは、①**自分または自分たちが関わる現状における前提を理解し→②主体的に課題を見つけ（捉え）→③その課題の真の原因を掘り下げて→④その真の原因に対する解決案をいくつか提示し→⑤その中で最善策を提示する**、という一連のアクションを意味します。結果の批判に価値を見出してはいけません。

1-4 クリティカルシンキングで何ができるようになるか

【ポイント!】リーダーとしての付加価値を発揮できるようになる。

クリティカルに考えられるようになれば、以下のようなメリットを享受できます。

【会議で深い議論が展開できる】

出席者が、課題に対して、**そもそもの大前提やその前提に基づいた論旨をはずさず考えていける**ので、効率のよい会議が開催でき、また論理的により突っ込んで思考しあうことにより、より深い議論が展開できます。

【意思決定の信頼性が向上する】

意志の入った価値判断に基づいた思考を深く掘り下げて考え出された結論は、従来の思いつきの結論や受け売りの考えと違い、本質的でその時々の環境に適合するなど信頼性が

クリティカルシンキングで何ができるようになるか

1. 聞き手が理解しやすくなる
2. 説得力が増す
3. 相手方の意見が完全に理解できる
4. 意思決定の信頼性が向上する
5. 会議で深い議論が展開できる

あります。それに基づく行動においても成功確率が高まり、リスクが軽減されます。

【聞き手が理解しやすくなる】

顧客や上司などメッセージを伝えられる聞き手は、前提となる価値判断基準に基づき、理路整然と論理的に展開された話や資料によりメッセージが伝えられるので、聞き手は非常にわかりやすく効率よくコミュニケーションをとることができます。

【相手方の意見が完全に理解できる】

自分が聞き手となる場合、相手の言っていることの背景や前提を正確に理解し、自分の考えとどこが違っていて、またどういう点がどのレベルで違っているのかが冷静に判断できるようになります。

第2節　課題設定の方法

2-1 課題設定（論点）の重要性

【ポイント！】課題の捉え方一つで、解決時の影響の程度も決まってくる！

・ミスが多い入社3年目の田中君は以前と同じミスにより会社に大損害を与えてしまった
・田中君は真面目だがすぐ忘れる
・以前と同様のミスで田中君はすでに減給になっている

このような状況下でみなさんがリーダーなら、どのように問題を解決するでしょうか。

「田中君は真面目なので、仕事を忘れないようにチェックリストを作らせよう」

このような案も悪くはありません。しかし、状況を冷静に捉えるために、一歩引いた立場から明文化されない前提の把握を行うと、論点の絞り方がわかってきます。

・会社は組織だ。個人事業主の集まりではない

解決すべき本当の課題とは？

・ミスが多い３年目の田中君は以前も行ったミスで会社に大損害を与えてしまった
・田中君は真面目だがすぐ忘れる
・以前も同様のミスで田中君はすでに減給になっている

●隠れた前提を考える！

・個人ではなく組織だ
・組織は個人の力だけでなくチーム力で１＋１＝２以上にしなければ意味がない
・前回のミスも田中君一人の属人的な能力だけに注目し、責任を負わせたにすぎない
・その個人に責任を負わせても、会社にとってのインパクトは大きい問題だった

→むしろ個人ではなく「組織の問題」

・組織は個人の力を大きくできるよう活かすものであるはず
・前回のミスも田中君1人の属人的な能力だけに注目し、責任を負わせたに過ぎない
・個人に責任を負わせたが、会社にとってのインパクトは大きい問題だった
→だから、これは個人ではなく「組織の問題」と捉える必要がある

このように隠れた前提を整理すると、本質的な課題は田中君の能力ではなく、属人性に依存する組織体制であることがわかるはずです。「そんなに重大なことを個人に責任を委ねるガバナンス体制の不在こそ正すべきではないか？」という点こそ重大な課題と言えるのです。

2-2 課題設定とは

【ポイント！】今起こっている現象から考察して3つの質問に答えよう。

前項の通り、物事の捉え方や前提の考え方によって、まるで異なる問題意識が芽生え、そして異なる課題がクローズアップされ、課題設定されることになります。

では、そもそも課題はどのように設定すべきなのでしょうか？

普段無意識に過ごしていると、目の前で起こっている事実・現象面をただ捉えるだけになりがちですが、課題を見つけるためには、**現象面から今私たちが活動している隠れた前提を明文化していく**必要があります。

具体的には、以下の大きく3つの質問に答える必要があります。

①今何が起きているのか？（現状＋懸念されるできごと）

課題設定に必要な3つの質問

1. 今何が起きているのか（現状＋懸念されるできごと）
2. 今の何が望ましくないのか？
3. 代わりに何を望んでいるのか？

田中君の例

一般的に認識されていること	●現状（目に見えている現象） ①田中君の大きなミスが続いている ②そのおかげで会社が大損害を被った
一部は認識されていること	●懸念（今の流れで懸念される出来事） 注意しても田中君が同じミスを繰り返してしまう
あまり認識されていないこと	●今最も望ましくない状況 属人的ミスで会社に大損害を与える
ほぼ認識されていないこと	●代わりに望んでいること 属人的なミスを防ぎ、大損害を受けない

ギャップ

重要な課題

ギャップを埋めるための問い
●どうすれば属人的なミスを防ぎながら、組織力の最大化を導けるか？

②今の何が望ましくないのか？
③代わりに何を望んでいるのか？

特に重要なことは②、③について掘り下げて熟考・仮説検証して明確にしていくことです。一般的には①の現状しか目を配らないことが多い中、そこから懸念されること、そして望ましい状態と現在の望ましくない状態の間のギャップを埋めるために必要な問いについて考えることこそが、本当に取り組むべき重要な課題、つまり論点と言えます。

ちなみに、この重要な課題を「**論点（イシュー）**」と呼ぶことがあります。論点とは「**議論の中心となる問題点**」を言います。

2-3 クリティカルシンキングの思考体系

【ポイント！】クリティカルシンキングの全体像を捉えよう！

前述の通り、クリティカルシンキングは、①**主体的な「課題設定力」**＋②**「論理的思考力」**に分解されます。つまり、クリティカルシンキングは、必ずしも明らかになっていない「**何を前提に、何を重視すべきか？**」という課題設定そのものを周りの状況を含めて鑑みて自分のアタマで考えることを意味します。

期待を上回る成果へ向けた行動を起こすためには、与えられた課題をただ整理して実行するだけでは不十分です。課題そのものを見出して自らを改善・変革させながらより良い状態を目指す必要があります。

クリティカルシンキングでは、**主体的に課題を新たに定義（または与えられた課題を再**

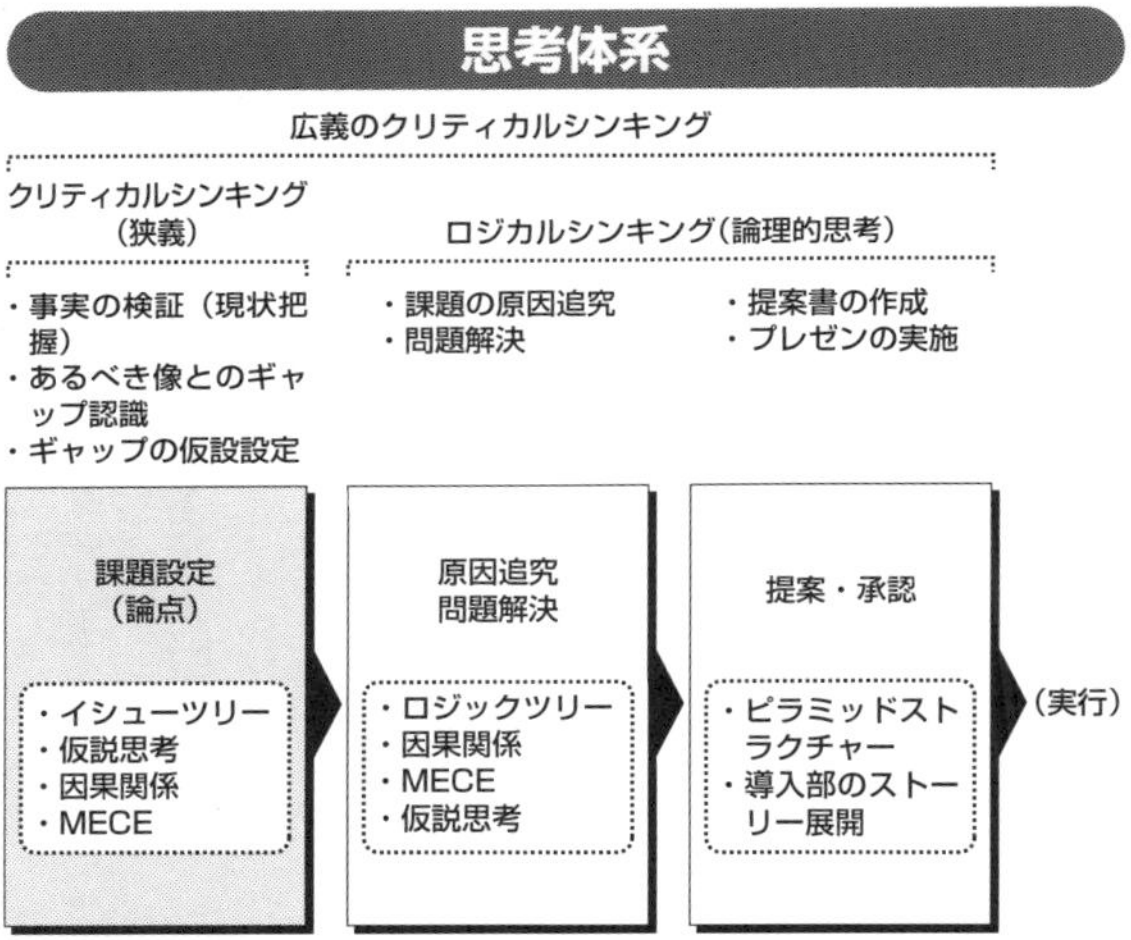

定義）し、正しいゴールと前提の下、メリハリのついた最善の解決案／実行案の提案を行うことが求められます。ポイントは以下の通りです。

クリティカルシンキング＝①主体的な課題設定力＋②論理的思考力

①**「主体的な課題設定力」**……与えられなくとも自ら現在における価値判断基準を整理し、潜在的な課題を定義する

②**「論理的思考力」**……認識した課題の原因追究、問題解決が正しいか？

（ⅰ）原因と結果の関係があるかどうか？（「因果関係」があるかどうか）

（ⅱ）モレ、ダブり、ずれがないか？（「MECE」になっているかどうか？）

2-4 論点を磨き上げる

【ポイント！】仮説から重要な課題を導こう。

「電車が遅れた場合は、遅延証明書をもらうべきだ」

一見正しそうなこの仮説もイシューツリーで分解していくと、より重要な論点が浮かび上がってきます。たとえば、この仮説を検証するために必要な問いを考えてみます。

「遅延証明書をもらう」は正しく思えますが、「**他の方法と比べ**」という視点では、もう一段深掘りする必要があります。つまり、「電車が遅れそうな場合に〝遅れる前提で〟遅延証明書をもらう」という受け身の対応ではなく、そもそも「自分が予定時間より遅れないようにするためにできることはないか？」ということに気づく必要があります。

その際、「雨が降ると電車が遅れる傾向がある」ということに気づくことができれば、

イシューツリーで論点を整理する

現在の状況や想定を「仮説」として、本来問うべき最も重要な課題を設定するための仮説検証を繰り返す

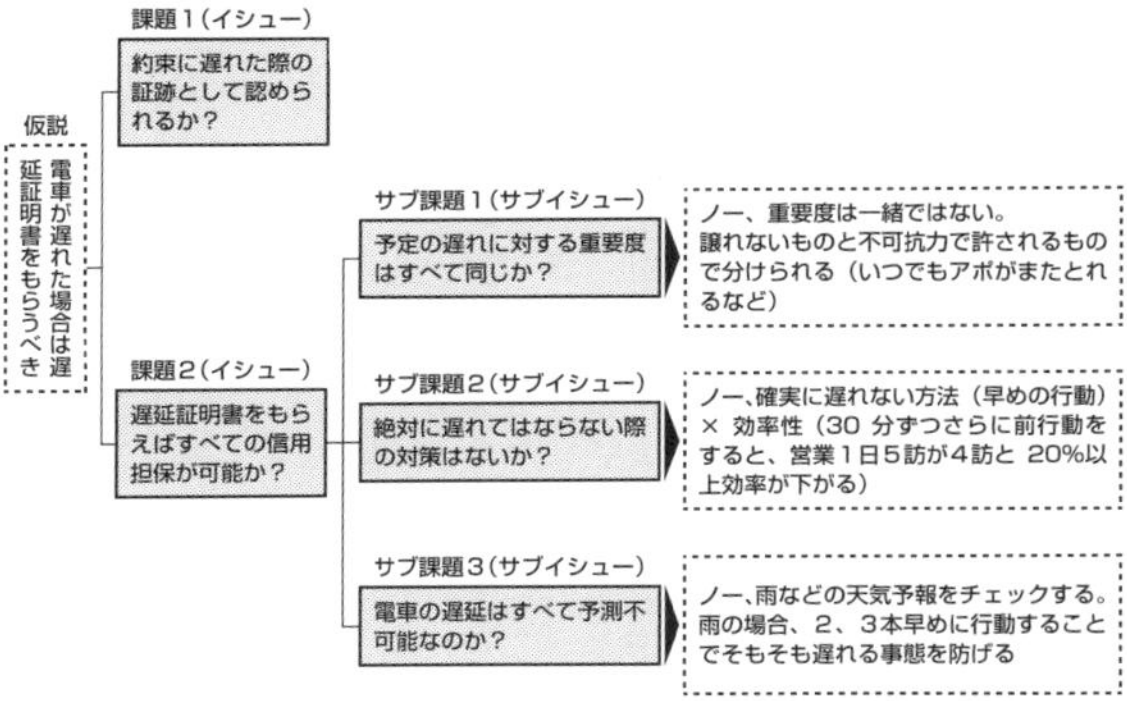

雨の日は通常より2、3本前の電車に乗る前提で15分くらい早めに行動をする、というのが遅延証明書をもらうよりも効果的な方法であることがわかります。

予測のできない突然の事故等でも時間より早めに行動することでリスクは回避できますが、逆に魅力度（効果的かどうか）で言えば最善ではありません。30分以上も待ち時間がそれぞれ空いてしまうと、時間のない営業担当にとっては1日5訪が4訪しかできなくなる恐れがあります。そこはアポイントメントの重要性が限りなく高いときのみ早めに出ることを例外的に対処すべきかもしれません。

2-5 主体的な課題設定を阻む壁①「前提を考えない」

【ポイント!】議論の前提そのものが正しくないと、正しい解決案に行きつかない。問題を考える前に、まず明らかになっていない「前提」をゼロベースで確認する。

私たちは日常の様々なことに関して、暗黙の了解や自分の偏った思い込みという〝**必ずしも現実に即していない可能性が高い「前提」**〟を下に判断をしています。

たとえば、業績が良い投資先に対して、「株価が上がらない」「配当が少ない」と不満を抱く前に、当該企業の中期経営計画や企業理念などを予習し、その企業がどんな時間軸で拡大再生産をしていきたいのかを理解しておくべきです。成長企業の多くは、一段階上のマーケットで勝ち残るべく膨大な設備投資をし続ける必要があります。そういった企業に投資するなら長期スパンであるべきです。

前提（論点）を疑う

●状況：独りよがりでなく、相手の周りの状況を仮説してみる

課題設定

✖「投資先の配当政策が悪い」と不満をぶつける

◉「なぜ株価が低く、配当が少ない（結果として悪い投資）のか」の検証を行い、それを投資に反映させる

※目的＝投資効率を高めること

トヨタ自動車は創業当初、不況で多くのリストラをした痛い経験をトラウマとして認識しているからこそ、リストラせずにできる限り雇用を維持できるよう、1兆円単位の現金を常に抱えて経営をしていると言われています。これは必ずしも善し悪しの問題ではなく、宗教や自分の信念といった価値判断に関係する〝哲学〟の問題です。それが非効率だと考えるなら、その会社の株を買わなければ良いのです。

自分が暗黙の了解で考える勝手な「前提」からスタートした時点で、正しい課題の解決は不可能になります。「独りよがり思考」から脱し、ゼロベース思考で前提を常に明らかにして再確認する癖をつける必要があります。

2-6 「既存の枠」を取り除く方法

【ポイント!】前提が「独りよがりになっていないか」確認しよう。

人間はそれぞれ自分の経験や周りの環境から影響を受けて形成されてきた思考回路を持っています。クリティカルに考えることを阻害するのが、この思考回路です。ある組織に長期間所属していると、この個性的なものの見方にどっぷり浸かってしまっている場合が多いと言えます。また、規制が厳しい業界では、その傾向が強い場合が多いと言われます。

しかし、一番重大な問題は、「その偏見・先入観に関して自覚症状がない」ということです。その枠を取り除くには、意識的にチェックリストで次の行動をとることが肝要です。

①常識を疑っているか?

「この分野は規模の経済が働く業界である」→「わが社のような小さい会社が参入する分

既存の枠を取り除く

クリティカルな考えを阻害する環境

❶ ある組織に長期間所属している

❷ 同じ思考を持つ人たちと一緒にいる時間が長い

❸ 規制が厳しい業界内にいる（建設、銀行、医療、弁護士、税理士等）

↓

問題＝偏見・先入観に関し自覚症状がないこと

野ではない」。規模の経済が働くという常識を疑うことによって新たな可能性を考えます。たとえば、「業界大手のA社と業務提携することによって、参入できないか」など。

②立場を変えて考えているか？

自分が所属する部門や、自分の立場（役職）を一度忘れ、自社内にはびこる暗黙のルールや慣習から抜け出すことを実践してみてください。

③成功体験・失敗体験に基づいてないか？

自分の成功体験をもとに、いつもそのやり方を踏襲したり、失敗体験から何かを意識的に抑制することのないよう気をつける必要があります。事例研究でも事例とまったく同じ前提条件で繰り返すことは皆無です。

事例 ① 「既存の枠」に毒された状態を理解する

ある帰国子女の学生がファーストフードチェーンでアルバイトをし始めました。このチェーンは、従業員の接客やマナー研修が充実しており、接客を始めるときには必ず「大変お待たせいたしました」の一言から始まり、注文を受けてからも「この商品はこちらのセットでご注文いただくとよりお得ですが」という提案も欠かさず、最後には「繰り返させていただきます」という確認をすることなどがマニュアルに細かく記載されています。

あるとき、外国人が来店しました。学生は通常通り「お待たせいたしました」と日本語で接客を始めました。外国人は「I don't Speak Japanese.」と言って、指で注文をしました。学生は、「この商品はこちらのセットでご注文いただくとよりお得ですが」と日本語で接客を続けました。外国人が手を広げてわからないジェスチャーをするのを見て我に返り、英語で同じ説明をしましたが、最後にはやはり「繰り返させていただきます……」と

ゼロベースの思考を不可能とする既成の枠

「これが普通・あたりまえ」という考え

↓

こう考えた時点で思考がストップ

例 帰国子女（英語堪能）でも、外人に対してマニュアル通りの日本語での対応

日本語で説明しはじめました。

慣れ、または既成の枠、というものは恐ろしいもので、状況がいかに変化しようとも、「考えずに行動」し始めると、やがて思考は完全に止まり、他の行動もすべて「**作業**」になり、ゼロベースの思考が不可能となります。後述する電機メーカーや情報通信会社のビジネスパーソンの例も、仕事のレベルこそ違えど、起きている症状はこの帰国子女の学生とまったく同じなのです。特にマニュアルは危険です。重要なことは、「**マニュアルに書いてあることを作業として行うこと**」ではなく、マニュアルの記述を「自分の言葉」で腹に落とし、「**自分の理解として行動していく**」ためのあくまで参考資料と捉えることです。

事例

②「既存の枠」を取り除いた事例

季節ごとの変動があるサービスには、大きな事業が期待できないのが一般的です。たとえば、スキー場は夏は登山、ハイキングまたはキャンプができ、ホテルやレストランの運営などを通して観光客を誘致することができます。当然、雪の降らない冬以外の季節に「どのようなサービスを提供できるか」といった検討をし、いくつものオプションについて企画することはできます。

しかし、これらの思考には、ある前提が隠れています。それは、「スキー」＝「雪」＝「冬」という思考です。スキーやスノーボードは「冬」に行うスポーツと考えるのが世間の常識ですが、ここで季節の前提を破ることはできないでしょうか。

スノーヴァは人工雪を使い、年中屋内をスキー（スノーボード）場にする事業を実現させました。この背景では当然、「雪は冬でなければならない」という前提を破り、純粋に

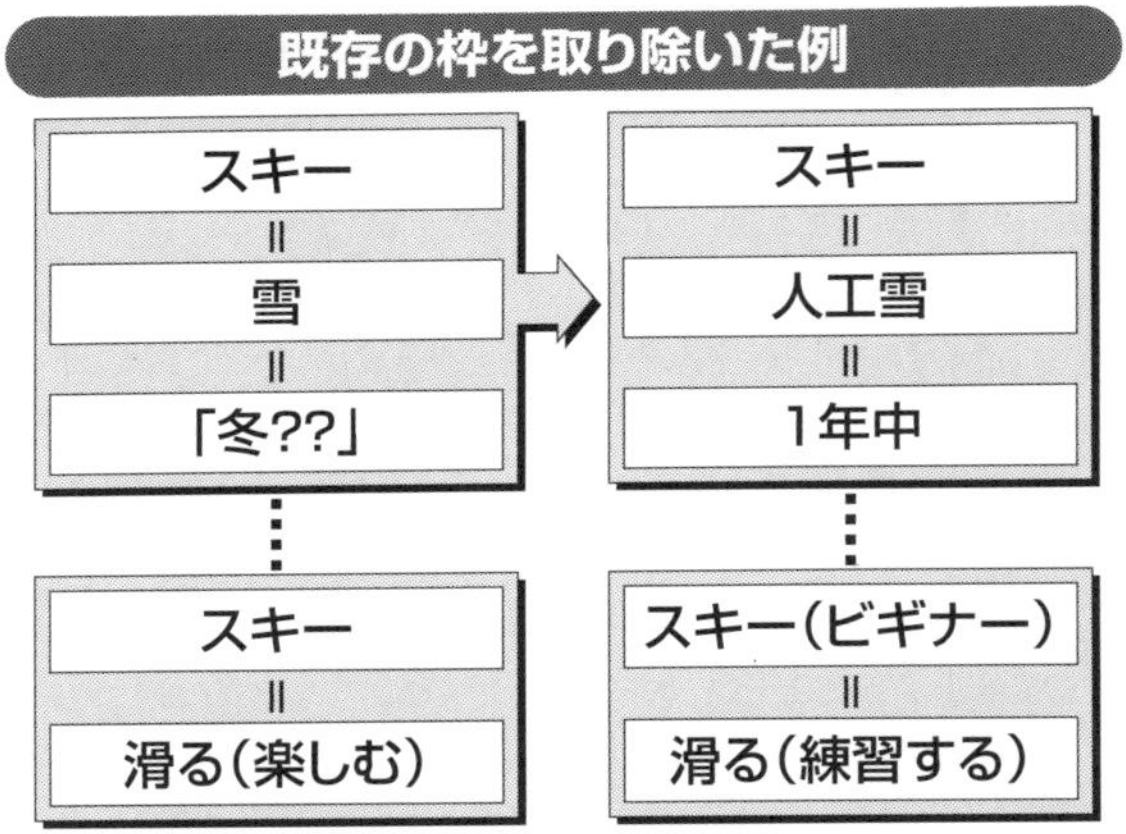

春夏秋冬滑ることができる場所があれば楽しい、という視点から先入観や凝り固まった常識を崩していきました。つまり、シンプルかつストレートに考え、**「人工の雪を使えば実現できる」→「どうしたら人工の雪を作れるか」**という現実的な方法を模索していき、ついに屋内スキー（スノーボード）場を作ってしまいました。実際、顧客についても、ほとんどのスキーヤーやスノーボーダーたちは若く、ビギナーで、少しでも練習して上達したい、という欲求を持っているというデータがあり、冬以外での季節の需要も大きいだけでなく、1年中安定した運営ができることもプラスになっています。

2-7 ゼロベース思考に徹するために

【ポイント!】ゼロベース思考は思考技術ではなく、クリティカルシンキングを行うための必須の「態度」。「過去」の事例や「誰が言ったか」は頭から排除せよ!

ゼロベース思考とは、**既存の枠にとらわれずに考える態度または姿勢**を言います。つまり、思考技術ではなく、自分たちの常識や既成概念をいったんリセットして白紙に戻した上で、考える枠を大きく広げて新しい可能性を求める思考態度のことです。

過去の成功体験や自社・自部門の常識にとらわれて、その経験や常識に基づいた思考しかできないとしたら、その枠の外にある解決につながる要素を見落としてしまいます。たとえば、以下の会話には論理が完全に抜け落ちています。

「新たに食品部門を立ち上げ、企業の事業の柱にしていきましょう」→「前例がないから

ゼロベース思考

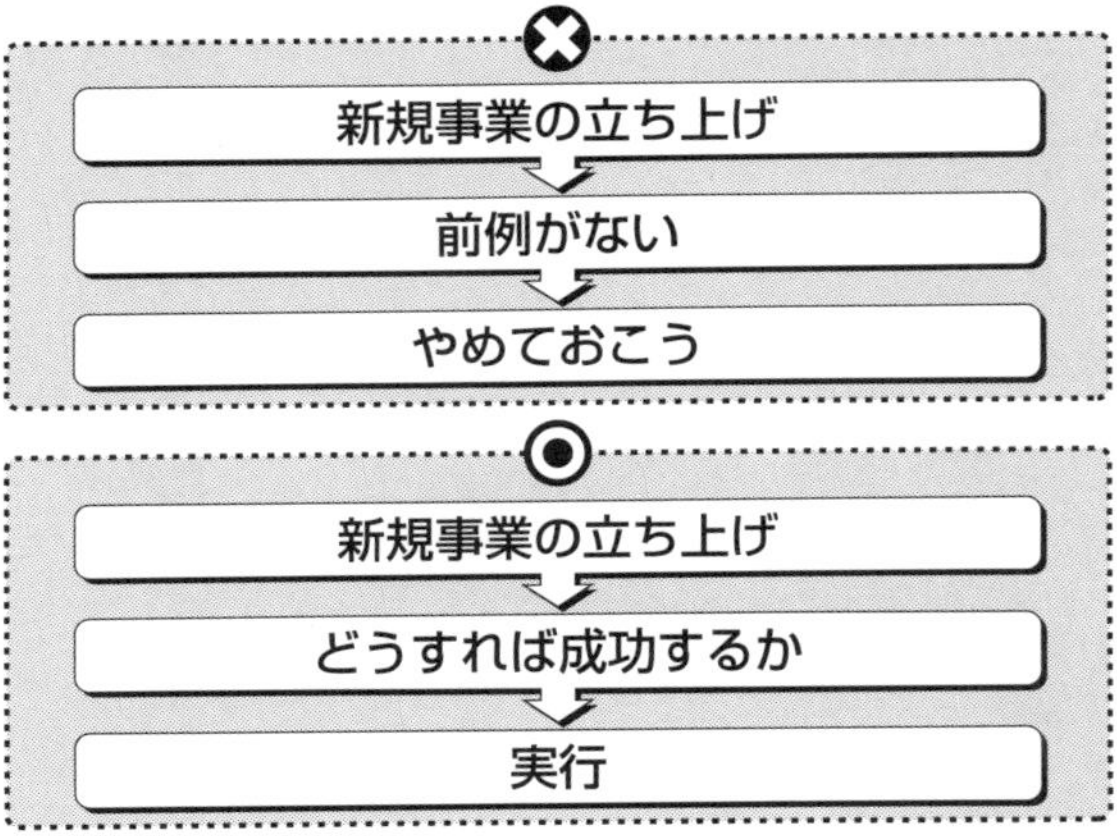

やめておこう」、「売り上げが落ちている」↓「営業マンに気合が足りない。もっと喝を入れろ」、「業務の効率が悪い」↓「IT化が足りない」

人間の脳は、過去の経験則を正としてものごとを考えるようにできていると言われます。つまり、人間は本質的に「ゼロベースで考えることが難しい」生きものなのです。ただし、このような習慣や組織文化は諸悪の根源です。裏づけがなく思い込みのみで周りを論破しようとします。これでは周りを納得させられないばかりか、イメージと現実のギャップが大きな意思決定の誤りを生んでしまいかねません。「**面倒でも裏を取る**」という習慣を組織文化として確立しましょう。

事例③ 仕事の中でのゼロベース思考 パート1

電気メーカーで7年間、法人営業を経験した田中さんは、28歳の夏、一念発起して外資系の大手コンサルティングファームへ転職しました。最初のプロジェクトで、膨大な量のデータを3日で解析することになりました。田中さんは、この不可能とも思える作業量を担当させられることに驚き、思わず上司に担当替えを申し出ました。このとき田中さんの判断に至るまでの中、どのような論理が展開されていたでしょうか。

恐らく、田中さんの場合、今までの電機メーカー時代の仕事のやり方とスピード、及びその作業の種類の違いなどから考えた上で、「絶対に無理」という結果を導いたのでしょう。しかし、このとき「なぜ無理か」という問いに対する具体的で論理的な思考が展開されていません。

もし、今まで経験したことがないほどの作業量を完結しなければならないとしても、冷

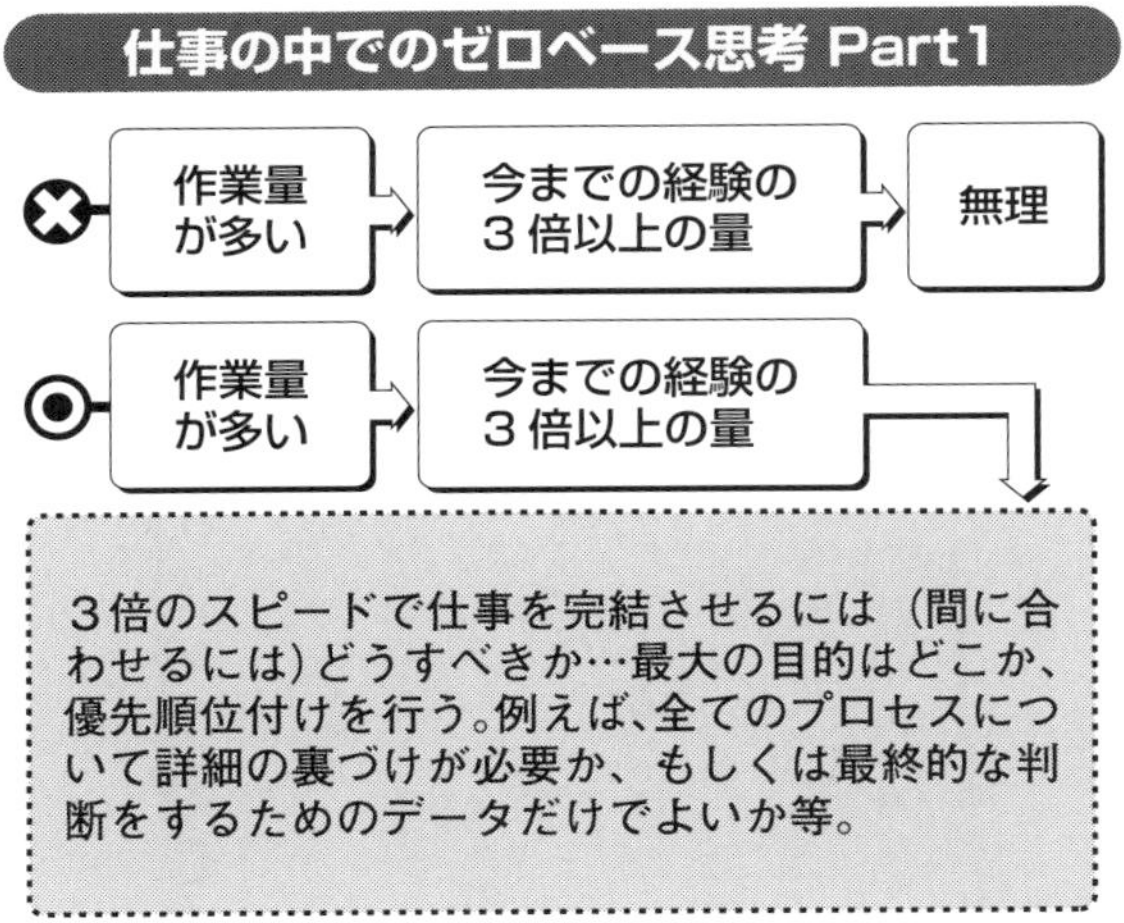
仕事の中でのゼロベース思考 Part1
作業量が多い
今までの経験の3倍以上の量
無理
作業量が多い
今までの経験の3倍以上の量
3倍のスピードで仕事を完結させるには（間に合わせるには）どうすべきか…最大の目的はどこか、優先順位付けを行う。例えば、全てのプロセスについて詳細の裏づけが必要か、もしくは最終的な判断をするためのデータだけでよいか等。

静に（過去の先入観を持たずに）考え、たとえそれが前職で最も忙しかった仕事の約3倍の作業量であったとしても、**「3倍のスピードでこの仕事を完結させるには、どうしたらよいか」「もしすべてについて詳細に調査し、完璧なものにすることが困難であれば、時間の使い方にどう優先順位をつけて作業をこなすべきか」「その仕事の中で最も重要な点はどこか、逆にどの部分は時間をほとんどかけず、分析に対する裏づけデータとして参照するだけでよいか」**など、より本質的な課題設定（問い）をできさえすれば、1%でも前進したはずです。過去の経験や先入観にとらわれている限り、冷静な判断と行動はできません。

事例④ 仕事の中でのゼロベース思考 パート2

グループ再編や経営統合を含むM&A（合併・買収）が頻繁に行われる中、大手情報通信会社で法人営業部長を務める鈴木さんの会社も、外資の競合が筆頭株主として資本参加し、少しずつ欧米流の経営スタイルが展開されはじめてきました。相手の外資系企業から半数以上役員が送りこまれている状況の下、経営目標も世界標準となる明確な財務目標が設定され、「30％の経費削減を取引先の集約によって実施する」こととなりました。

取引先の見直しは、既存の取引先に限らず、広く検討する形でしたが、鈴木さんは30年も最もお世話になっている取引先を選びました。「創業時に助けてくれたり、時間的に間に合わないときにでも、土日返上で納期に間に合わせるように取り計らってくれている」という理由からです。

しかし、役員会ではその選択は明確に却下されました。理由はごくシンプルです。創業

仕事の中でのゼロベース思考 Part2

目的／取引先の選別

条件：競争優位があること（より「良い」またはより「安い」）

✖

創業時に助けてくれた会社、30年お世話になっている会社

◉

持続的な競争優位がある会社（より「良い」またはより「安い」商品を継続的に提供できる会社）

時に助けてくれたり、30年間お世話になっている、というのは仕事の取引先を選択する上では唯一の論点ではありません。重要な論点は一つ、「**その取引先が国内外を含む他社に比べ、具体的にどのような優位性を持ち、自社に対してどの程度の貢献をもたらすか**」という点です。「より安価に、高品質で、無理な発注にも対応できる」会社は他にもあるかもしれません。むしろ、もし鈴木さんが本当にその取引先を推薦するのであれば、他の代替業者に勝てるだけの条件やパフォーマンスをあげられるよう、その取引先に提案し、一緒に変革を検討することが必要だったかもしれないのです。

2-10 ユーザーの価値とゼロベース思考

【ポイント!】相手の立場に立って考えないとビジネスは成功しない!

ゼロベース思考を具体的に実践するために一番重要な方法は、相手の立場に立って物事を考える、言い換えれば、「**相手の価値を考える**」ことです。ここでいう相手とは、ユーザー（顧客）である場合もあれば、職場の同僚、上司、部下などである場合もあります。

マーケティングは、「**顧客が何を欲しているか**」ということから思考をスタートさせ、顧客が欲する価値を提供するための製品・サービスを考えていきます。たとえば、優秀な研究開発メンバーにより、技術的発見や技術的改良によって、新製品が開発できたとします。しかし、それが顧客の欲求を満たすものであるかどうかは別問題です。

また、相手が職場の同僚である例として、社内情報システムの構築が挙げられます。販

ユーザーの価値とゼロベース思考

×
情報システム部が認識しがちな役割
例：いかに高度で複雑な機能を持ったシステムを構築するか

◎
情報システム部が認識すべき役割
例：日々多忙な社員にとって、いかにわかりやすく、便利な機能に絞ったシステムを構築するか

売と経理を統合する情報システムを構築するために担当者は非常に複雑な機能を数千も搭載したシステムをつくろうとしています。しかし、そのシステムを使うユーザー（社員）は日々忙しい業務の中、使う機能はせいぜい数百くらいでしょう。ユーザーの価値を考えるならば、あれば便利な機能はできるだけ排除し、ないと困る機能だけに絞ってシステムを構築するべきでしょう。

このように、自分、相手、自社、自部門に置いていた視点を相手の視点に移し、相手の価値を考えることで、既存の枠や常識から抜け出すことは非常に重要です。そして、このように考え抜かれた新たな考えを実行に移せれば、成功の確率は非常に高まるでしょう。

事例⑤ ユーザー側の発想

駅の券売機は大抵画面に表示された〝行き先（金額）〟を押すと切符を買うことができるようになっていますが、最新型でもお金を先に入れない限り、作動しないものがいまだにあります。つまり、駅の券売機の「常識」は「ユーザーがまずお金を入れる」ことを前提に作られていることで、必ずしも顧客の立場に立った設計になっているとは言えません。

このように我々が普段何気なく直面する「使いづらさ」や「失敗」について考えることは、人間工学（Ergonomics）としても研究されている分野です。人間工学の大前提は顧客の視点に立ち、「いかに人のミスを防ぎ、直感的でわかりやすい、便利な機能を設計するか」というものです。つまり、「人は基本的にミスをする」、つまり「自分は大丈夫でも、他の誰かは必ず間違うものである」という前提の下、「いかに不注意な人でも間違わないようにわかりやすく（より良く）」という問いを繰り返し、追究することです。

「あたりまえ」を排除する

人間工学（Ergonomics）的視点

※「あたりまえ」と思ったら、あえてゼロベースで非常識に「一歩引いて」考える

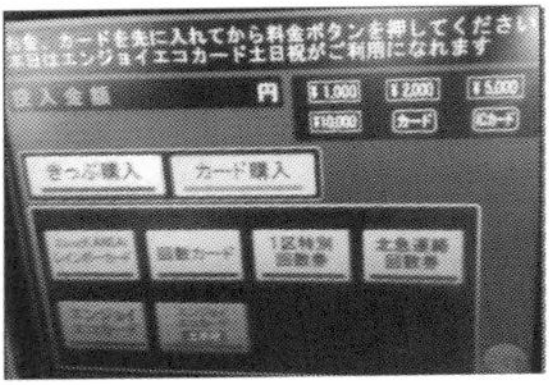

■行き先の金額ボタンを押しても反応しない

（改善案１）
「お金を入れてから」という案内を出すプログラムを追加

（改善案２）
お金を先に入れても、行く先の金額ボタンを押しても、券を買えるよう再設計

たとえば、先のような状況を避けるためには「お金を先に入れてください」という1行の説明を追加するだけでもミスを避けることができますが、そもそも「お金」が先か「行き先」が先か、という二者選択ではなく、「お金」を入れても、「行き先」から指定しても券を買えるようにすることができるはずですし、実際にそういった券売機も存在します。

このように、今までとまったく違った視点で物事を考えると、以外と「あたりまえ」のように我々が利用しているものの中に、必ずしも洗練されていないものがたくさんあることに気づきます。**今一度常識を疑い、顧客（相手）の視点でものごとを考える**よう、ゼロベース思考を心がけたいものです。

事例

⑥ 真逆の発想で考える

徹底的に顧客満足度を追求し、どんな商品・どんな状況でも返品を受け付けたり、文字通りコンシェルジェとして顧客の要望に応えることで、自社に対するロイヤリティの向上を目指した米ノードストロームのような会社もあれば、過剰なサービスを徹底的に省き、効率経営で事業を拡大している格安航空会社など、事業の成功に唯一の方法はありません。

前者と後者のうち、顧客の視点に立ったサービスを提供しているのはどちらでしょうか。食事や飲み物などの付属サービスを徹底的に排除し、運賃を従来より圧倒的に下げた形で提供している後者の例は、必ずしも顧客のニーズを無視したもので、満足度の低下を意味しているのではありません。

むしろ「自社の役割は安価で乗客を目的地まで運ぶこと」であり、「高級レストランや喫茶店と同様のサービス提供が目的ではない」ことを認識しているのです。つまり、食事

逆の発想

ユーザーの視点に立った
サービス≠過剰なサービス

どのユーザーを対象にするかで異なる

つまり「ユーザーの価値」と「ゼロベース思考」の組み合わせが重要

や飲み物を希望しない顧客層に対し、従来の運賃を下げた形でサービスを提供するなど、むしろターゲットの顧客層に対し、目的と価格のバランスをとって、顧客の視点に立脚している優れたサービスと言えます。

このように、顧客の視点に立ったゼロベース思考とは、必ずしも過剰なサービスを意味するのではありません。すべての顧客のあらゆるニーズを満たそうとするのはマーケティングではありません。**「限られた資源で、どんな譲れない価値を最大限提供するか?」**こういったサービス方針を組み立てていくためにも「ゼロベース思考」で**「重視すべきユーザーの価値」**を考える必要があるのです。

事例⑦ 新しい発想

前項では、顧客満足度を上げ、顧客のロイヤリティ向上を図る1つの手段として、あらゆる場合でも返品を受け入れることを始めて有名になったノードストローム社のような例を挙げましたが、これをそのまま模倣しても返品がそのまま費用に跳ね返ってしまい、事業が立ちいかなくなる企業が続出すると思われます。

実際、通常でも返品のリスクは大きく、そのまま在庫リスクとなります。一方、顧客の視点では、よく品質を確かめた上で納得して購入したい、というニーズがあるのも当然です。この双方のニーズの間において、ゼロベース思考で立ち上げられた事業もあります。

前述のとおり、ショップでの成功の一因は、「顧客満足度を重視したサービス」、その具体策として最もわかりやすいサービスが「返品受付」です。通常の店でもそのニーズは高い上に、ユーザー側がPC画面上で商品を注文するオンラインショップでは、商品の購入

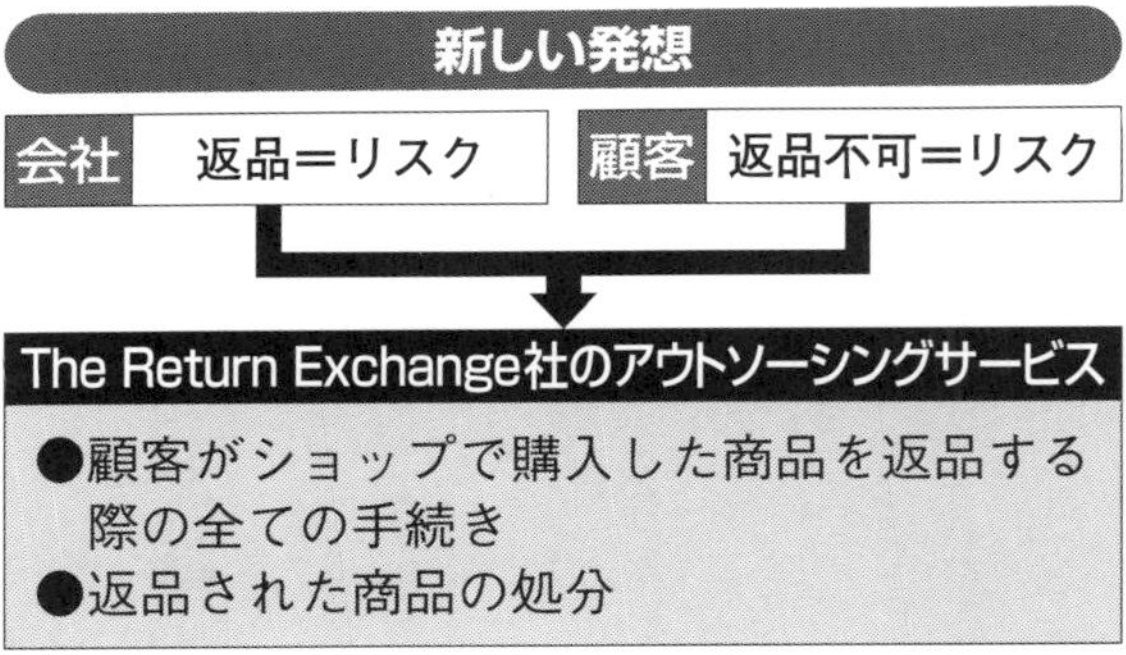

を決める上でこの「返品可能」というニーズの占める割合は非常に高くなります。その一方、企業側では返品率が高まることは収益を圧迫する大きな要因となってしまいます。

ここに注目したのが、The Return Ex-chnge社です。同社では、顧客がショップで購入した商品を返品する際のすべての手続きと、返品された商品の処分までを担当するアウトソーシングサービスを2000年から始動させており、双方のリスクを避けるエージェントとして活躍しています。つまり、お互いのニーズ間にあったギャップを埋める存在として機能しています。

2-11 主体的な課題設定を阻む壁②「前提把握が抽象的すぎる」

【ポイント!】正論で終ってはいけない。自問しよう!。

「会社は無駄な経費をかけず、効率的に運営すべきだ」「会社は売上を上げると同時に、費用を下げることで利益を最大化すべきだ」等々……、こういった「正論」はそのままでは実行に移すことができません。「人は正しく生きるべきだ」と同じくらい「あたりまえ」の「抽象度が高すぎる」ものだからで、そのレベルは誰もが理解しています。

真の論点は、たとえば経費を圧縮するなら「**どういった観点で、どのレベルで経費をメリハリづけすべきか? うちの会社における削減してはならない経費とは何か?**」こそ考える価値のある課題と言えます。それにより「経費の割合の大きい順から」検討する、という次の行動に移せる思考に行き着くはずですが、この思考のブレークダウンがなければ

抽象的な前提を具体化させる

●正論レベルで終わらせず、深掘りすること

課題設定の例

✖「会社は無駄な経費をかけず、効率的に運営すべきだ」

◎「どういった観点で、どの経費をどの程度圧縮していくべきか、逆に削減すべきでない経費は何か」という方針から考える

前述のメッセージの意味はありません。

これは仕事以外でも同様です。政治でも「『財政再建』と『景気回復』のどちらがより重要か？」という議論に終始することが多いですが、正しい課題の捉え方は「どちらがより重要か？」という単純化されたゼロかイチかの議論ではなく、「**どのようなタイミングで、どの程度の政策をそれぞれ実行していくか？**」という「統合された計画」についてと言えます。

抽象的な正論で止まっている限り、適切な大方針を固めることはできません。中身のない正論レベルで思考が止まってしまわないよう、必ず意識的に**具体的なレベル**へ前提を掘り下げていく癖をつける必要があります。

2-12

主体的な課題設定を阻む壁③「トレードオフの意味をはき違える」

【ポイント!】意味のあるトレードオフの視点を持とう。

会社の事業計画でも、営業計画でも、都合の良い理想的な視点でのみ考えても意味のある計画はできません。中立的に客観的に現状の環境を冷静に整理するところを軽視してはいけません。そして、そのコツは「**一方を追求すれば他方を犠牲にせざるを得ないという状態・関係(トレードオフの関係)**」を中立的に反映させた前提の組み合わせを考えることです。そして、このことは最終的に「**短所を受け入れてでも、追求すべき長所とは何か?**」といった本質的な価値判断に基づいた課題の設定をすることにほかなりません。

物事を判断するとき、「**どれが譲れないもので、どれが妥協しても良いものか?**」という前提について考えることは非常に重要です。独りよがりでない前提把握のためには、前

トレードオフを考える

●意味のある論点のバランスを考える

課題設定の例

×「日本の財政再建は待ったなしだ。今すぐ財政再建をすべき」
「日本の景気回復なくして税を上げても税収総額は減るため財政再建はない。景気回復が優先」

◎「どのような時間軸で、財政再建の施策と景気浮揚策を打ち、その全体像を利害関係者に説明していくか（短所がない施策などない。短所を受け入れてでも追求すべき長所をバランス良く進めていく方法とは？）」

述のトレードオフの視点が必要です。

・「長所」を考えるとき、必ず「短所」もあわせて考える

・「リターン」を考えるとき、必ず「リスク」もあわせて考える

・「将来」の目標を考えるとき、必ず「過去」の趨勢もあわせて考える

低コストで販売できる構造や体力がないのに、競争の激しい成熟市場でシェア拡大を模索したり、差別化の源泉となる品質体制がないのにブランドだけで価格を高く維持しようとするような政策を採ることがないよう、正しい前提把握に基づいた課題設定が重要です。

COLUMN

〈コラム①〉与えられない課題にどう取り組むか？

目標がないと課題設定できないか？　答えはノーです。

もちろん、本来あるべき像を設定して進めるのが基本です。しかし、利害関係者の中長期的なビジョンが仮に明確に見えなくても、改善レベルであれば実行できます。

改善レベルということは、全体の影響度を与えられるだけの最も効果的な行動がとれるということには必ずしもなりません。目先かつ小さな効果しか期待できないかもしれません。

ここで重要なことは、そういった行動を「主体的」にとれることが何よりも重要だということです。

全体最適を目指して目標設定した上で行動した方がより良いですが、何もしないより主体的に改善のための行動をとれる方が組織全体に与える影響は何百倍も大きいのは明らかです。

「課題を設定できない」という人がいても、1%でも改善できることがあれば考えてみることはできるはずです。主体的な行動を移せる人を増やしていきたいものです。

ちなみに、実際に課題をさらに磨き上げるにはどうすればよいでしょう？

2-4「論点を磨き上げる」を参照してください。ここでは「イシューツリー」を使って、

COLUMN

どう課題に気づくか?

目標が与えられている場合と、目標すら与えられていない場合に分けられる。クリティカルシンキングは後者の力が求められる。

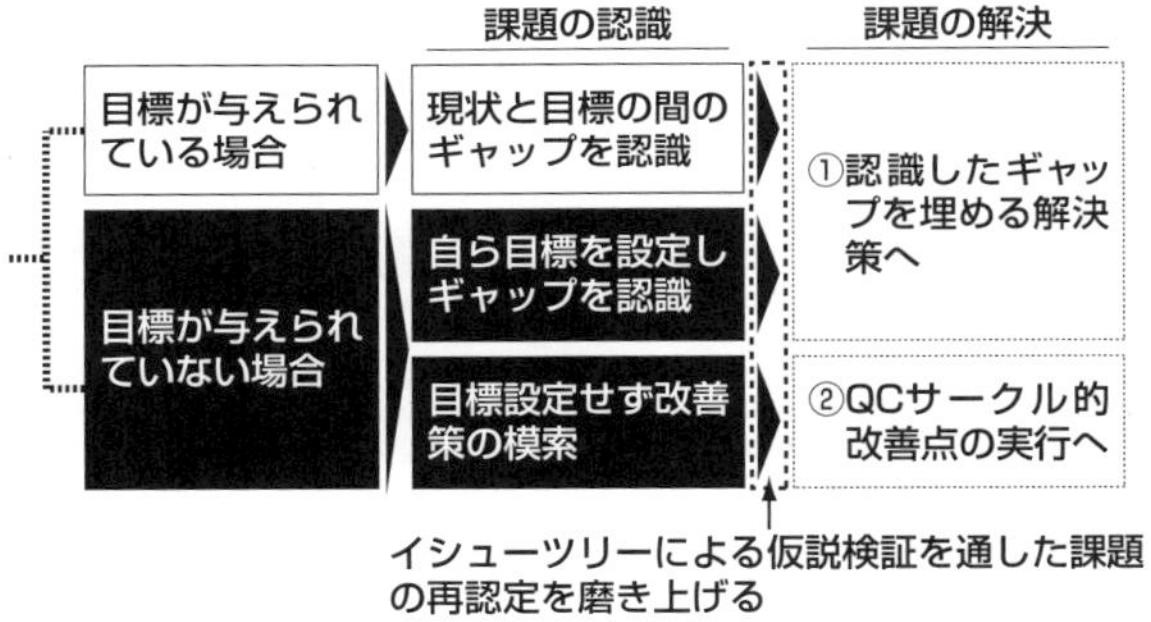

最初に掲げた主体的な課題が仮に最善のものでなくとも、そこからブレークダウンしていくことで意味のある真の課題を考えるきっかけを作ります。具体的には、最初に仮説した課題が「最善」であるために必要となる要件を考えることで、当初仮説が正しいことの検証を行います。

たいていは、もっと考えることが出てくるため、当初仮説よりも深い課題設定ができることになりますが、それもこれも当初仮説あっての深掘りであることは注目すべきです。

当初仮説がなければそこの深掘りもないわけなので、まずは間違った課題設定でもよいので仮説を立てることが重要です。

第2章
論理的思考

第2章「論理的思考」では、第1章でみてきた課題の設定方法に基づき、課題の真の原因追究と問題解決ができるために重要なコンセプトと具体的なフレームワークについて考えていきます。

第3節「論理の確認」では、論理性についての事例を見ていきます。そして論理的思考の定義を2つの構成ポイント（「因果関係」と「MECE（モレ・ダブりなし）」）にブレークダウンして説明します。

第4節「論理のポイント①因果関係」では、論理的思考の1つ目「因果関係」について、その定義と各種落とし穴を学んでいきます。

第5節「論理のポイント②MECE」では、論理的思考の2つ目「MECE」について、その定義と運用方法について説明します。

第6節「MECEの効用　フレームワーク」では、予めMECEになっている考え方の事例を具体的に見ていきます。

第7節「論理の活用」では、論理を構成するの2つの柱である「因果関係」と「MECE」を使って、ロジックツリーというツールを活用し、問題解決をはじめとする改善・改革提案への意思決定に活かしていく方法を考えます。

第3節　論理の確認

3-1 論理性チェックリスト

【ポイント!】自分自身が普段論理性を持って生きているかを確認しよう!

まず以下の質問に答えてみましょう。その中で「ノー」が1つでもある場合、次項で説明する論理展開についてしっかり理解を深め、自分自身の日常における思考の中で当てはめていけるかを検討する必要があります。

①自分は何かを説明する際、常に**具体的な事例をもとに説明**する

②具体的事例を出すときは、**常に裏づけをとり**、正しいことを確認したうえで説明に使う

③自分が説明するとき、いつもその**背景に気を使い**、**利用する言葉の定義をあらかじめ明確に**した上で話を進める

④説明をするときは、どんな複雑な状況でも**30秒以内で全体像を説明**できる

論理性チェック

- 具体的な事例や根拠を基に話をしている
- 物事の定義を明確にした上で話をしている
- 30 秒以内で大抵のことは説明できる
- 説得力のある「事例」、とたまたま起こった「例外」の違いがわかる

etc…

⑤具体例を出すときには、それが**よくある事例か、たまたま起きた「例外」かを認識**しており、それらを明確に使い分けている

⑥説明は常に全体像の説明から話し、決して**枝葉の話から切り出すことはない**

⑦一般に**流行**のマネジメント言語や理論は気にしない

⑧誰が言っているかよりも、本質的な議論の中身で判断する

⑨いくら全員一致であっても、重大な決定に関して、数人のプロジェクトチームや身の周りの知り合いだけでは行ったことはない

⑩自分の論理や話に説得力がないと感じながら説明を続けたことはない

3-2 正しい論理とは

【ポイント】街にあふれる論理の破綻や欠如に目を向けよう！

「ＧＴＦマネジメントレビューが行った調査によると、読者の約80％が経営コンサルティングの効果に懐疑的である。同誌の読者は、ほぼ１００％決裁権を持った経営者層で占められている。したがって、ほとんどの経営者は経営コンサルティングを支持していない」

この文には重大な欠陥があります。「ＧＴＦマネジメントレビューの調査が、一般的な経営者の意見を代表している」という前提がなければ成り立たないということです。

通常、主張は①**結論**、②**根拠**、③**前提**、の３つの部分から成り立ちます。

では、前記の文章の結論を多少変えて、前提を加えた次の例はどうでしょうか。

「一般的な経営者の意見を代表するＧＴＦマネジメントレビューが行った調査によると、

クリティカルシンキング的事例

結論	ほとんどの経営者は経営コンサルティングを支持しない
根拠	GTF マネジメントレビューの読者の約 80%が経営コンサルティングに懐疑的
前提	GTF マネジメントレビューの読者層はほぼ100%決裁権を持った経営者層

↓

欠如している前提	「GTF マネジメントレビューの調査が一般的な経営者の意見を代表してる」ということ

読者の約80％が経営コンサルティングの効果に懐疑的である。同誌の読者層は、ほぼ100％決裁権を持った経営者層で占められている。したがって、ほとんどの経営者は経営コンサルティングを利用していない」

この文では、ほとんどの経営者が経営コンサルティングに懐疑的で必ずしも支持をしていない、という論理ができていますが、「懐疑的・支持していない」と言うのと、実際に「利用していない」と言うのとでは、話が異なり、論理がそのまま欠如しています。このように、一見推測できて正しそうな事柄でも、論理が通っていない議論は我々の周りにたくさん存在し、意思決定を惑わす原因となっています。

3-3 論理のポイント

【ポイント！】①「因果関係（原因と結果の法則性）の有無の確認」と②「MECE（モレ、ダブりなし）の確認」をチェックしよう！

論理的思考の本が必ずしも論理的に構成されているとは限りません。特に多いケースとして、重要なポイントがたくさん並列に並んでおり、それぞれのレベルが合っていないものをよく見かけます。

しかし、論理思考の骨は①**「因果関係」**と②**「MECE（モレ、ダブりなし）」**の2点に集約されます。そして、図表のように、課題や改善点の真の原因を突き止める際（原因追究のロジックツリー）や、真の原因を突き止めた後の問題解決案を導出する際（問題解決のロジックツリー）にロジックツリーを用いて、その論理性とモレ・ダブリなく検討さ

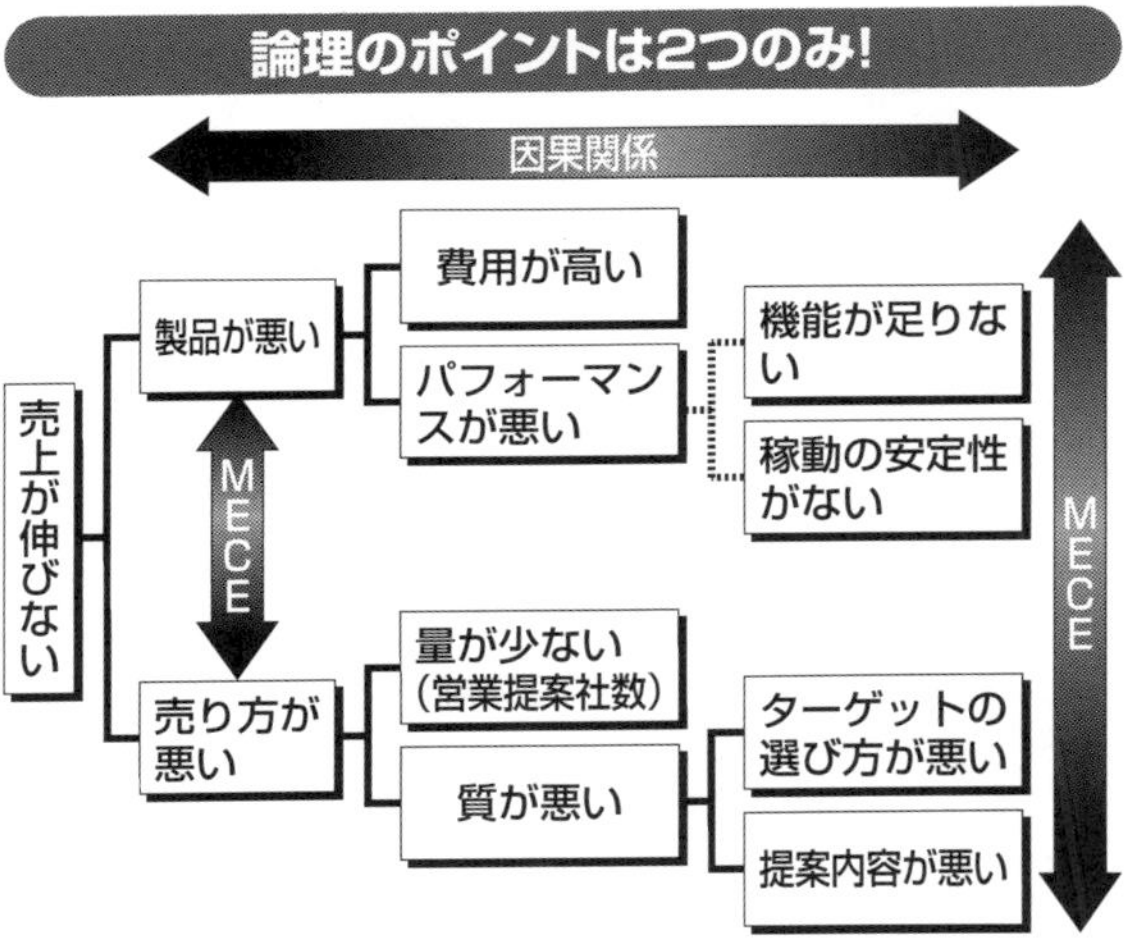

れているかどうかを確認します。

世の中で出ている思考本等では、「ゼロベース思考」や「既存の枠にとらわれない」といった考え方が「因果関係」や「モレ、ダブリなし（ＭＥＣＥ）」という言葉と同列で出てきたりして混乱することもあるかもしれません。

しかし、前者は論理的に考えるための「態度」を表しているに過ぎません。つまり、論理思考の肝は**ロジックツリーの縦（MECE）と横（因果関係）のチェック**の2つに集約されます。そして、論理性（因果関係）は**演繹・帰納**という2つの論理展開の方法によって確認されます。

以下、それぞれ詳しく見ていきましょう。

第4節　論理のポイント①　因果関係

4-1 因果関係

【ポイント！】「原因と結果の法則性」の有無にこだわろう！

物事について、「**原因と結果**」の法則性・論理性があることを「**因果関係がある**」といいます。因果関係の有無を見ることは、問題解決への プロセスの中で最重要と言っても良いポイントです。問題解決には、常にある結果に至った原因が何かを追究する必要があるからです。通常、因果関係には次の2種類があります。

（1）単純な因果関係

原因が明確で、それに伴った結果があるパターンです（例「商品の値づけを間違えて、安く提示してしまった」→「その商品は、通常の10倍の数量が売れた」）

（2）鶏‐卵の因果関係

因果関係

因果関係＝「原因」と「結果」の論理性があること

❶ 単純な因果関係

例	誤って安い値札をつけた→通常の10倍売れた

❷ ニワトリとタマゴの因果関係

例	視聴率が上がった→スポンサーがたくさんついた→人気俳優を抜擢できた→さらに視聴率が上がった

ある原因が直接他の結果を生み出し、その結果がさらに別の結果を生み出す、というパターンです。（例「TV番組の視聴率が上がった」→「スポンサーがたくさんついた」→「人気俳優を抜擢することができた」→「さらにまたTV番組の視聴率が上がる」）

特に、鶏・卵の関係は、良いサイクルだけでなく悪いスパイラルを含むものもあります。たとえば、寿司屋において「売上げが落ちた」→「ネタの回転が悪くなった」→「顧客は不満足」→「客数が減少」→「さらに売上が落ちた」といった例です。

現実の世界では、複雑な因果関係も見受けられますが、単純な因果関係と違い、最初の物事の原因が見極めにくい場合があります。

事例

⑧ 因果関係の留意点パート1 〜直感や思い込みを前提にした誤り〜

【ポイント！】前提そのものが正しいかどうかに注意しよう！

まず、第一の誤りは、最も多いケースですが、単純に検証作業をせずに**正しくない前提に基づいて独りよがりな「因果関係」を作ってしまっている**ケースです。

「企業内での終身雇用は終結しつつあり、社員の平均勤続年数が減少してきているので、知識研修などよりは、むしろ会社の理念など、組織内で共有すべきDNAを育てるための研修に時間をかけるべきだ」という話があります。実際、終身雇用は崩れつつあり、早期退職制度や人材の流動化など、企業のマネジメントシステムが大きく変わっているので、自社に対するアイデンティティを強化させることは確かに効果があるかもしれません。ただし、離職率こそ高まっている中で、逆に平均勤続年数などは緩やかに上昇している、と

因果関係の留意点❶

直感や思い込みによる正確な因果関係の崩壊

例	×	欧米流マネジメント＝年功序列・長期雇用が存在しない

いったデータもあります。理由は、①年金需給年齢の引き伸ばしに伴う定年の引き上げの動き、②離職せずに残った人は昇進をし、長く在籍する傾向がある、③失業率の上昇に伴い、条件が下がろうとも会社に居続けよう、とするインセンティブが加わった、ことなどが考えられます。

その他にも、「欧米流のマネジメント」と俗説的に定義され単純化されるものの中にも、多くの例外的事例はたくさん存在します。

このように「**直感**」や「**思い込み**」などによる軽率な判断は、物事の因果関係を崩壊させたり、まったく異なる原因から、結果に対する誤ったアクションプランを導く危険性が非常に高いと言えます。

事例

⑨ 因果関係の留意点パート2

【ポイント!】たまたま起こった例外的事実を一般的な法則として活用しない!

第二の誤りは、**例外的な事例と一般的な事例を混同してしまうこと**です。これは、あらかじめ導きたい結果へ誘導するために、それをサポートする事実を見つけて活用するという恣意的な論理構成のケースを含みます。偶然起こった事柄を、あたかもある結果を導いた主原因とみなして、それを自分の主張のバックアップ情報とすることによって、重要な本来の原因が見えなくなってしまうことは、討論でよく見られる光景です。

東日本大震災に伴う原発事故は、当初「あの規模の震災自体が想定外だった(からしかたない)」といった釈明がまことしやかにされていました。しかし、地震の規模そのものは例外的なものでなかった上、原発を作る過程でリスクの存在を認めること自体がタブー

因果関係の留意点❷

偶然あった事柄をあたかもある結果を導いた主原因としてみなし、本来の原因の言い訳をする

例	×	自社が失敗したのは、不幸だったから…
	◎	本当の失敗は自社の先見性のなさ

化されていたため、リスクマネジメント上の対策は限られていたといいます。その後、徐々に事実が判明するなかで、最も重要だったのは万が一原発が停止した際の非常時用の電源の確保でしたが、事故の原発は海抜が低い海岸近くに配置されていながら通常のものと同様の低い位置に配置されていたため、浸水により早期に電源を失うことになりました。

本来は可能性の大小ではなく、致命的な影響度の大小で想定しなければならないリスクマネジメントだったにも関わらず、誤った可能性の判断と影響度を考えない対応により、非常時電源という最後のリスク対策の砦をも形骸化させてしまったと言えます。

事例

⑩ 因果関係の留意点パート3

【ポイント!】鶏−卵の因果関係のスタートを見極めよう!

第三の誤りは、**単純な因果関係と鶏 - 卵の因果関係を混同してしまう**ことです。

鶏−卵の因果関係が単純な因果関係と異なるのは、「鶏が先に存在して卵を産んだのか?、それとも卵が先にあってそこから鶏が生まれたのか?」というように、原因と結果の法則性は間違いなくあるものの、どちらが最初の発端だったかわからない、という点です。「**因果関係があればどちらが先でもいいんじゃないか?**」と思われるかもしれませんが、問題解決プロセスとは、真の原因を突き止めた上で、その真の原因を解決するための対策を考えることです。そのため、「(最初の発端となった)真の原因が何か?」という問い自体が問題解決のための最重要ポイントとなるのです。

因果関係の留意点 ❸

ニワトリとタマゴの関係を単純な因果関係と間違って認識すること

例	過密なスケジュールをこなしている優良ベンチャー
×	過密なスケジュールをこなす→優れた営業成績を残すことができる（単純な因果関係）
◎	優れた営業成績を残すことができる実力がある→引き合いが多くなり 2 次面談、3 次面談にすすむことが多い→過密なスケジュールになってしまう（ニワトリ－タマゴの因果関係）

あるトップ営業マンの行動を検証した際の話です。他の営業マンとの決定的な違いは最低5件という1日あたりの法人営業訪問数でした。一見、多くの顧客候補と商談することで受注を獲得できる「確率」が高まった結果、優れた営業成績をおさめるという単純な因果関係に見えます。しかし、実際には1日5件（午前2件、午後3件）訪問するためには、始業と同時に1訪目ができていないと達成できません。つまり、当日の朝会社でアポ取りやメール、提案書作成などをやっている暇などないのです。実際には、**前日の営業時間後にまでに妥協しないレベルですべての準備を行っておくからこそ、結果として営業成績を獲得できていた**ということになります。

事例

⑪ 因果関係の留意点パート4
～因果関係と相関関係の混同～

【ポイント!】結果が同じでも相関関係には気をつけよう!

第四の誤りは、**因果関係と相関関係の混同、つまりある2つの事象の間に、相関関係が存在するだけにもかかわらず、因果関係があると思い込んでしまう**ことです。

たとえば、「技術開発に力を注ぐ」という事象と、「宣伝広告費にかける額が多い」という事象の間に因果関係はあるのでしょうか。その因果関係は成り立っていません。これらの事象はどちらも「結果」であると言えます。しかしながら、「一般に技術開発に力を注ぐ企業はそれだけ資本力があるため、宣伝広告費にかける額も多い」という傾向が見られます。因果関係こそないものの、2つの事象に共通の原因となる第三因子がある「相関関係」があると言えるのです。この第三因子として、「会社の利益が上がる」という視点が

因果関係の留意点④

相関関係
ある一方が変わるともう一方が変わる物事の関係（原因、結果等関係なし）

因果関係
「原因」と「結果」の論理性がある関係

あれば、因果関係を見出すことができます。「会社の利益が上がる」ということが原因で、「技術開発力を育てるR&D（研究開発）に投資ができ」、「宣伝広告費にかけられる予算も取ることができる」ということです。

このように、因果関係がない事実（結果）同士をもって問題解決の対策を検討しようとしても、対策自体が説得力のない骨抜きのものになってしまいます。これを避けるためには、その背景に隠れた「第三の因子」、つまり今検討している事象の間に直接因果関係があるのか、あるいは事象の共通の原因となる第三因子が存在しているだけでその第三因子と2つの事象との間に「相関関係」があるのかを慎重に見分ける必要があります。

4-2 論理の検証方法

【ポイント！】因果関係の確認方法は、演繹と帰納的論理展開の2つ

日常のコミュニケーションにおいて、相手の話が理解できない、自分の話をわかってもらえない、という問題は論理展開がうまくいっていないことに起因しています。論理展開とは、メッセージを伝える道筋であり、これがおかしいと受け手は理解に苦しみます。

この項では、2つの論理の展開方法（**演繹的論理展開**と**帰納的論理展開**）について学んでいきます。逆に言えば、論理的かどうかはこの2つのどちらかまたは両方を用いた論理展開が正しくされたかどうかで確認することができます。両者の違いや形式を理解することで、自分の考えを整理したり、考えを他人にわかりやすく伝えることができます。

・**演繹的論理展開方法……一般論やルールといった法則から結論を導く方法**

論理展開のタイプ

演繹的論理展開
法則から様々な結論を導き出す方法

帰納的論理展開
いろいろな事実や結果から法則を見つける方法

・帰納的論理展開方法……色々な事実や結果から法則性を見つける推論方法

「演繹法」では、「人はいつか死ぬ→私は人だ→私はいつか死ぬ」というように理路整然とした流れで、必然的に結論を導く方法ですが、「帰納法」では、先に結論を言ってから、そのことを立証するような順序で進みます。

プレゼンテーションなど帰納的論理展開が必要となる場面が非常に多くなっていますが、必然的な結論を導く演繹的論理展開と違い、帰納的論理展開では事実等から法則性を導き出すという恣意的な法則を見出すことで、誤った結論を導くこともあるので注意が必要です。次項以降で詳しく見ていきましょう。

4-3 論理展開の方法① 演繹的な論理展開

【ポイント!】演繹法は大前提と小前提を組み合わせて結論を示す!

演繹的な論理展開の代表的なものとして、**三段論法**による展開法があります。これは、まず①事実（ルール）を述べ、②その事実に関連する観察事項を参照した後、③そこから導かれる結論を示す、という論証形式です。簡単に言えば、**大前提**、**小前提**および**結論**という3つで成り立つものです。たとえば、①「投資利益率が20%超でなければ新規事業投資は行わない」というルールがあり、②「回転居酒屋事業の投資利益率は14%である」という観察事項があれば、③「回転居酒屋事業には投資を行わない」という結論を導くことができます。では、ここで演習問題をやってみましょう。

［問1］あなたは食品スーパーの乳製品仕入担当者です。結論部分の空欄を埋めなさい。

演繹的論理展開

演繹的論理展開のプロセス

❶ 世の中に実在する事実（ルール）を述べる

❷ その事実に関連する状況（観察事項）を述べる

❸ 上記の 2 つの情報が意味することを解釈し、述べる（結論）

■大前提（ルール）「気温が20度を下回るとヨーグルトが売れる」
■小前提（観察事項）「明日は、気温が20度を下回ることが確実だ」
■結論「　　　？　　　」
［回答例］「明日はヨーグルトを多く仕入れるべきだ」

［問2］観察事項部分の空欄を埋めなさい
■事実「粗利益が50％を超える事業を展開していると、必ず新規参入企業が出現する」
■観察事項「　　　？　　　」
■結論「わが事業は、新規参入企業に備えて万全な対策を考えなくてはならない」
［回答例］「我々の事業は粗利益が50％を超えている」

4-4 演繹法の留意点

【ポイント!】前提が恣意的だと結論の信頼性もなくなる!

演繹法は、理由づけのステップが含まれており、非常にわかりやすい論理展開方法でありますが、留意点もあります。

まず、論理的展開のプロセスが正しく組み立てられていたとしても、そもそもそこで使われる**事実／前提が正しくなければ、当然結論も正しく導かれない**場合が出てきます。実はこれが私たちが思い込みで決断を下す一番多い過ちです。

たとえば、「航空会社は、航空機の客席数を増やせるだけ増やし、より多くの乗客を乗せることが収益性確保の絶対条件である」↓「A航空は、ファーストクラスにバーカウンターを設けるなど、スペースを有効活用していない」↓結論「A航空は成功しない」とい

新しい発想

演繹法の留意点

論理展開のプロセスが正しくても使われる事実（前提）が正しくなければ結論も正しくない

う答えを導いたとします。

しかし、実際にはA航空のファーストクラス顧客の満足度が高まった結果、収益率の高いファーストクラスの席の稼働率が向上しているとすれば、設定した事実／前提自体が間違っていることになり、当然結論も誤ったものになってしまっています。したがって、ビジネスにおいては、この事実／前提が正しいものかどうかを見極めることが重要です。

この事実の見極めには、裏づけのあるリサーチやデータの利用が前提となります。会社の内部統制のためにリスクをコントロールするためのチェック項目がありますが、「何をもってチェックOKか？」という必ずその裏づけを添付する必要があります。

4-5 論理展開の方法②　帰納的な論理展開

【ポイント!】帰納法は「共通項」を探せ!

帰納的な論理展開とは、複数の観察された事実や意見の類似性から結論を導く方法です。帰納法は、自動的に結論が出る演繹法とは異なり、「**観察された情報の共通性から導ける結論を考え出す**」という作業が必要です。すなわち、結論は「……だろう」「……のようだ」という推測の形をとるのが基本となります。以下に例を挙げて説明しましょう。

「A県の衆議院選で無所属候補が議席を独占した」「B市の補欠の市長選で、無所属候補が当選した」「C県知事選は、与野党相乗り候補が落選した」

↓（結論）「既存の政党への不信が強まっている」

では、ここで一つ演習問題をやってみましょう。次の結論部分を考えてみてください。

帰納法の論理展開

観察された情報の共有性から導ける結論を考え出す論理展開

例

「A県の衆議院選で無所属候補が議席を独占した」
「B市の補欠の市長選で、無所属候補が当選した」
「C県の知事選は、与野党相乗り候補が落選した」

↓

「既存の政党への不信が強まっている」

「営業部のAさんは、毎日フィットネスジムに通っている」「営業部のBさんは、毎日野球の早朝練習を行っている」「営業部のCさんは、毎夜1時間程度ジョギングをしている」

↓結論「　　　？　　　」

［回答例］「営業部の人は、毎日スポーツをしている」

また逆に、帰納法的な論理展開で説明する例として、たとえば「……すべきだ（結論）。その理由としては3つある。1つは……、2つは……、3つは……」という方法があります。簡潔かつ効果的なコミュニケーションが必要なビジネスの世界では、提案でも報告でもこのように先に結論を述べる帰納法が相手にとってわかりやすいため基本となります。

4-6 帰納法の留意点

【ポイント!】結論（推論）には大きな価値判断が入り得ることに注意！

帰納法は、複数の観察された事実や意見から共通するものを見つけ出して結論を導き出すため、その結論は「**おそらく○○であろう**」という推測に頼っています。つまり、100%正しい結論であると言い切ることはできません。メッセージの出し手にとっても受け手にとっても、人により解釈が異なる帰納法における推測には、個人的な判断が介入しやすいため、注意が必要です。次のような場合、どのような結論が導き出されるでしょうか。

「鈴木家の嫁は、朝早くから夜遅くまで、一生懸命働くキャリアウーマンである」
「鈴木家の嫁は、毎夜、駅前のフィットネスジムに行って、汗を流している」
「鈴木家の嫁は、副業で化粧品のセールスをやっており、小遣いを稼いでいる」

帰納法の留意点

観察された事実や意見から共通点を見つけ結論を導く	＝推測（主観が介入）

例

「鈴木家の嫁は、朝早くから夜遅くまで、一生懸命働くキャリアウーマンである」

「鈴木家の嫁は、毎夜、駅前のフィットネスジムに行って、汗を流している」

「鈴木家の嫁は、副業で化粧品のセールスをやっており、こづかいを稼いでいる」

⇩

●Aさんの結論「鈴木家の嫁は、よく働き、バイタリティあふれる人である」

↕ 真逆の結論

●Bさんの結論「嫁は、全く家の仕事をしない怠け者である」

ある人は「鈴木家の嫁は、よく働き、バイタリティあふれる人である」とプラスの感情を持つかもしれませんが、他の人は「鈴木家の嫁は、まったく家の仕事をしない怠け者である」とマイナスの感情を持つかもしれません。

後者の結論を導くためには、実際に「家事をほとんどやっていない」という裏づけ情報では不十分な可能性があります。家事を夫公認で役割分担している可能性もあるでしょう。つまり、子供、夫など「家族が実際に不満に思っている」という事実がなければ、単なる妬みやひがみが入ったレベルの薄い論理展開で偏った「意見」を述べているに過ぎない可能性が高いと言えます。

4-7 複合的な論理展開例

【ポイント!】演繹と帰納法の両方を組み合わせて論理性を示そう!

現実には、**演繹法と帰納法どちらかではなく、両方が絡む論理展開を通して説得力のある提案や説明を効果的につくる**ことも多々あります。

たとえば、大学に眠っている技術研究や特許などを活用しようという声があるなかで、民間企業もそれらを「売れる」形にしたうえで顧客へ提供していくことを検討しています。また、政府も新技術開発の後押しや新たな日本経済の光を作る狙いで補助金をはじめとした支援策を打ち出しています。この中から、事実を抜き出してみましょう。

「大学の特許は眠っている資産として注目されている」「産業界では、ビジネスで商品化できる技術の種(シーズ)を探している」「政府は、産学連携を推進している」

複合的な論理展開

演繹法と帰納法の両方が絡む論理展開

例「大学の特許は眠っている資産として注目されている」

●「産業界では、ビジネスで商品化できる技術の種（シーズ）を探している」
●「政府は、産学連携を推進している」

帰納法

●「大学の技術移転機関（TLO）を利用したビジネスが注目されている」
●「電子認証の技術は、TLOで育てられている」

演繹法

「電子認証ビジネスが注目されている」

これらの事実から推測できるルール（共通点）として、「大学の技術移転機関（TLO）を利用したビジネスが注目されている」ということが挙げられます。

このようにまず帰納法で結論を導いた上で、次にこの帰納法の結論を演繹法での事実／前提として、論理展開をはかった場合について考えてみましょう。

「TLOを利用したビジネスが注目されている」という前提の下、数ある技術シーズの中で「次世代電子認証技術」が取り上げられました。このとき、観察事項としては「電子認証の技術はTLOから生まれている」ということになり、「電子認証ビジネスが注目されている」という論理を展開できます。

第5節　論理のポイント②　MECE

5-1 MECE

【ポイント！】論理性のある答えは1つではない。モレ、ダブりなく挙げよう！

MECE（ミーシーまたはミッシー）とは、「**相互に重なりがなく、すべてを網羅する**（Mutually Exclusive and Collectively Exhaustive）」の頭文字で、ある事柄を全体集合と考えて何かを検討する際に、「**モレ・ダブりなく**」部分集合に整理することです。

なぜ物事をモレ・ダブりなく考える必要があるのでしょうか？　課題に対する答え（結論）を相手に伝えるとき、その根拠や方法にモレ、ダブリ、ズレがあったとしたら、相手を理解させて説得することは難しくなるからです。

たとえば、あなたがコンサルタントとして、製造業のＮＭＣ社のコンサルティングをしている場面を想像してみてください。ＮＭＣ社では自社の利益率の悪さを懸念していまし

MECEとは

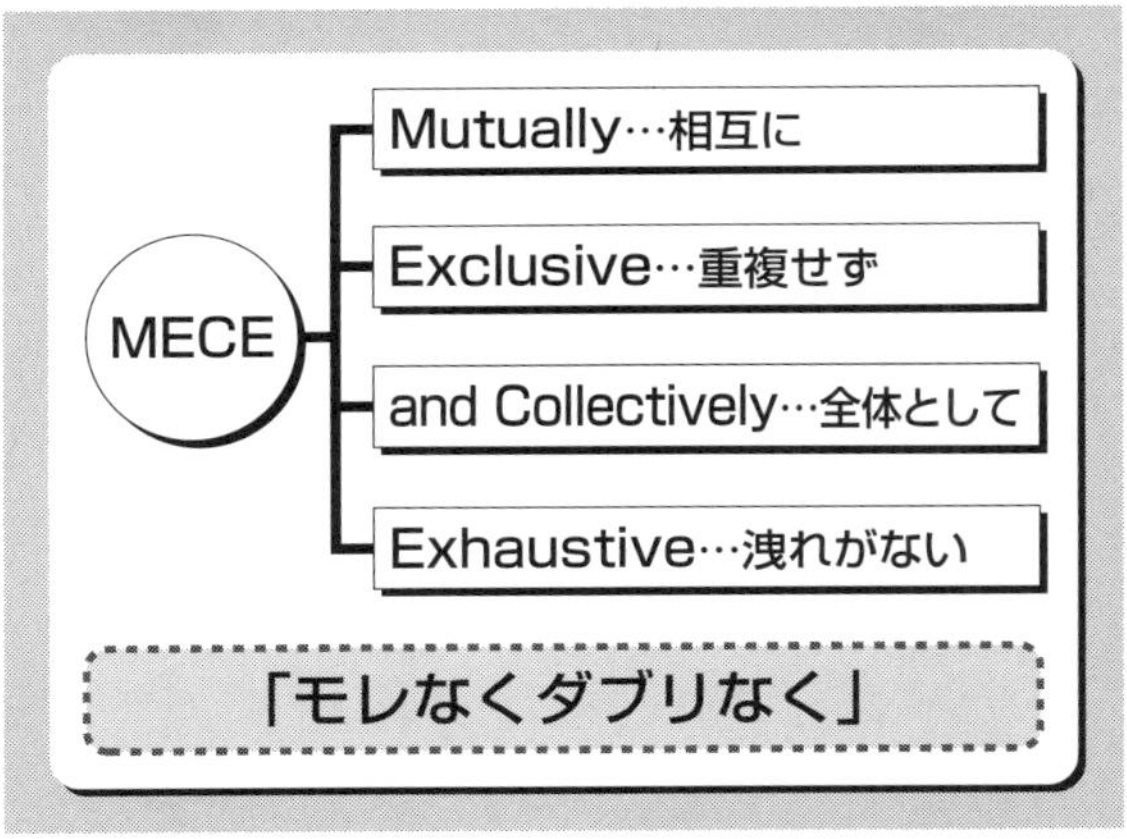

たが、あなたには主力製品の粗利益率が低いことがわかっていました。そこで、コンサルタントであるあなたは答えを提示しなければなりません。「主力製品の粗利益率を上げるには、次の方法を考えなければなりません、①単価を上げる（マークアップ方式へ）、②改良によって製品の差別化を行う、③製造原価を抑える」と。

しかし、粗利を上げるためには原価を下げるか単価を上げるしかありません。差別化を行うというのは、それによって高い単価での購入を促すことにほかなりません。

このように、ＭＥＣＥになっていない整理は周りを混乱させ大きな障壁となります。

5-2 「モレ」あり・「ダブリ」なし

【ポイント!】検討段階でモレがあればその時点で信頼性が崩れる!

あなたが企業の新商品Aに関して、プロモーションを実施するプロモーション統括責任者だとします。マーケティング部長から、新製品の特性及び顧客ターゲットに適合したプロモーションについて報告するよう指示を受け、広告について詳細に検討しました。テレビ、ラジオ、新聞、雑誌などのマスメディアの他、屋外広告、ダイレクトメール、インターネットなどを網羅的に精査し、これらの長所と短所を踏まえて、最適なメディアミックスを構築しました。また営業組織についても、組織の規模、チーム編成を含め最強の販売組織になるよう心がけました。しかし、部長からは「提案が偏っている」とやり直しを命ぜられてしまいました。理由は、検討するべき事項にモレがあったからです。

「モレ」あり、「ダブリ」なし

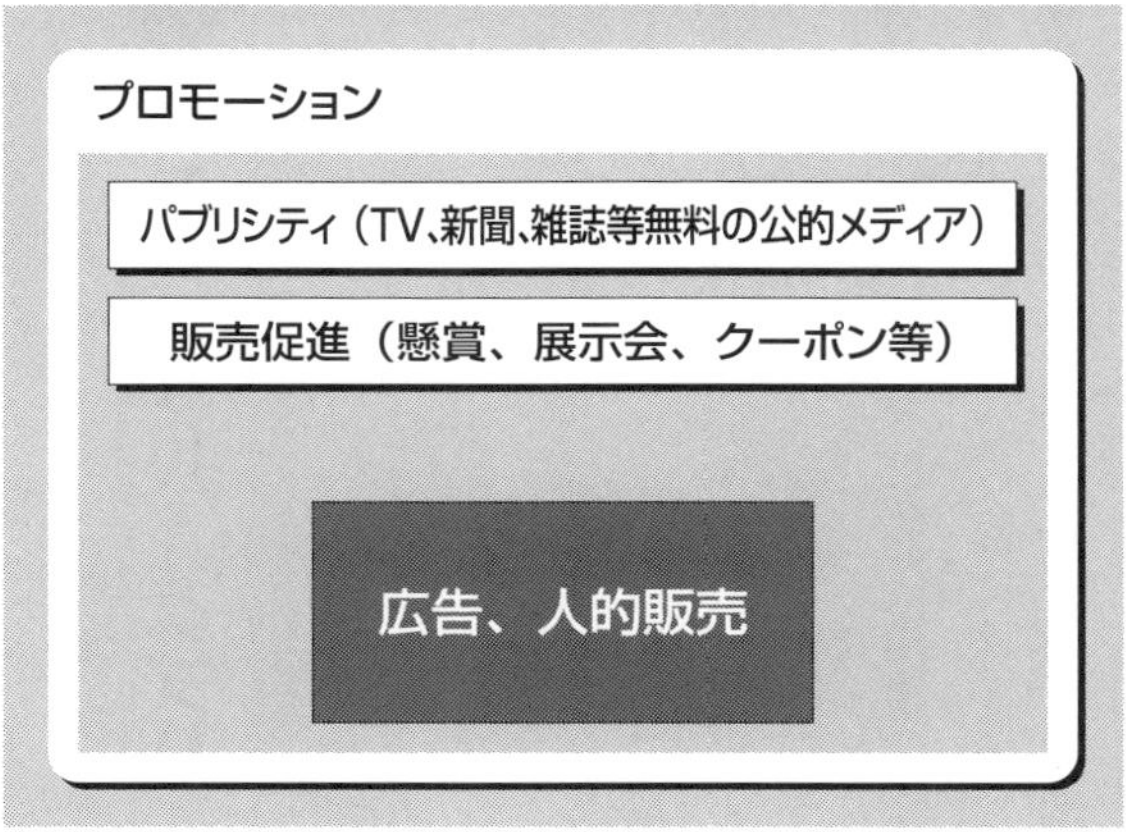

マーケティングのプロモーション政策には、①広告、②セールスフォース（人的販売）のほか、③パブリシティ、④販売促進といった4つの大分類が検討可能です。

あなたの報告書には前記4分類のうち後半の2つ（③と④）について、検討されていなかったのです。限られた予算の中、それぞれのプロモーション政策の方法によって成し得る目的も違います。そんな中、**いかに具体的な提案を行っても、重要な選択肢が抜け落ちていれば提案としての信頼性は崩れます。**

「モレ」のない検討における最善策の提案というのは、〝提案の質〟といういわば「十分条件」を議論する以前の「必要条件」と言えます。

5-3 「モレ」なし・「ダブリ」あり

【ポイント!】ダブりのある検討内容は相手を混乱させ、効率を悪化させる!

コピー機販売会社X社の営業本部長が、自社の中央区における営業部隊のエリア配置を計画しました。このとき、中央区をエリア別にA地区、B地区、C地区に分けた部隊と、重要顧客別に中央区の病院、学校、弁護士事務所、会計事務所に区分した部隊をそのまま編成してしまうと大きな重複が発生します。たとえば、ある部隊が中央区A地区の法人を新規開拓し、別の部隊が中央区に存在する病院を隅から隅まで新規開拓すると、当然A地区の病院に関しては、自社の営業部隊が二度訪問することになるからです。

企業では担当を地域別に分けたり、商品別に分けたり、または前記のように顧客のタイプ別に分ける方法があります。そして、実際に複数の基準で同時に担当分けがされたりす

「モレ」なし、「ダブリ」あり

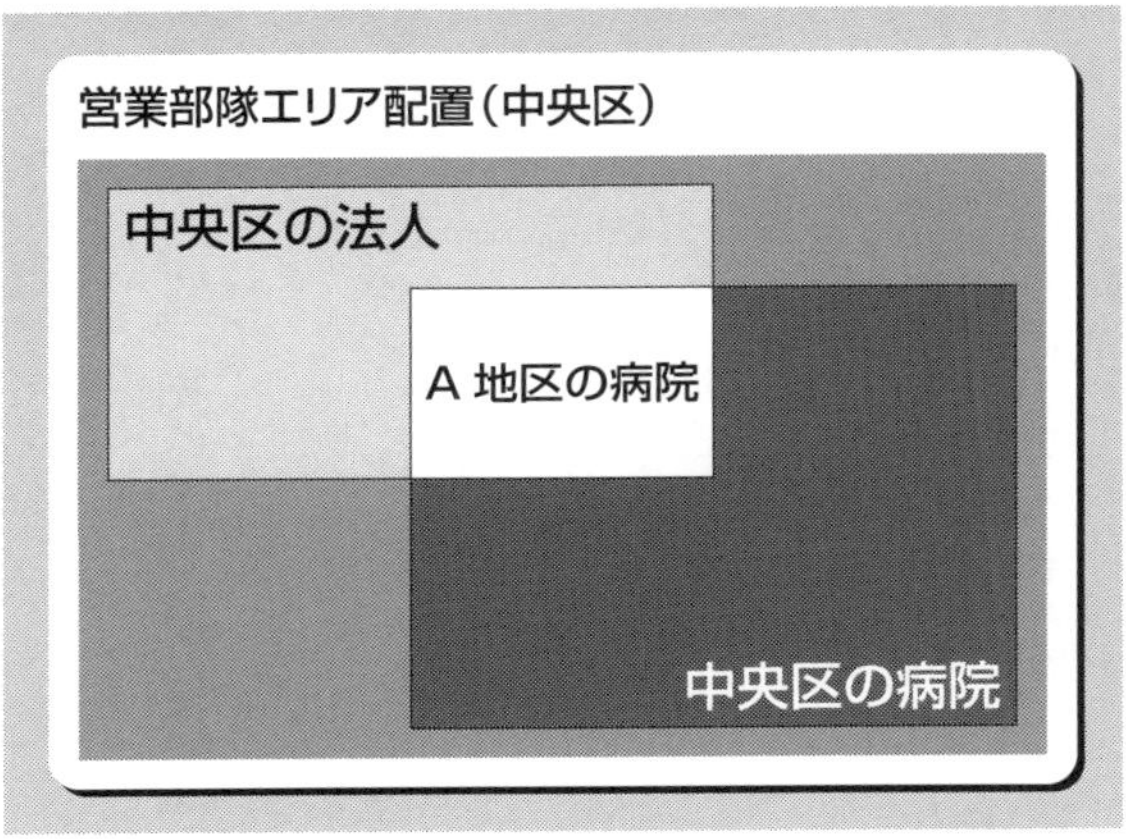

ることもあります。大きな組織になると商品別のチームと顧客別のチームの両方が存在することがあります。その場合は「重複しないよう」に、たとえば重要顧客に関しては地区別の担当から外したり、総合的な顧客の窓口とある商品の専門担当を分けてタッグを組んで顧客へ向かい商品説明をする、という形がとられます。

しかしながら、前記のように同じ役割のチームが重複して同じ顧客に対する営業をかけるというのは非常に非効率です。営業チームの組織化に関する基準のメリット、デメリットはそれぞれありますが、役割自体にダブりがある形で担当分けをするのは、それ以前の問題であり、営業本部長としては失格です。

5-4 「モレ」あり・「ダブリ」あり

【ポイント!】モレ、ダブリの両方ある整理は最悪の効率をもたらす!

あなたは、東京のベッドタウンであるA駅の駅前で、小規模ながらフルラインの品揃えを提供する書店を開業しようと思っています。本のカテゴリーを次のように分類しました。趣味コーナー、児童コーナー、旅行コーナー、スポーツコーナー、アダルトコーナー、音楽コーナー、文学コーナー、ファッションコーナー、漫画コーナー、教育コーナー、料理コーナー、の11つです。あなたの頭の中は整理されており、女性客の関連購買を促すよう、料理コーナー、ファッションコーナー、教育コーナーを近くに配置するなど、かなり精密に設計しているつもりでした。そして、とうとう開店の日となりました。開店1カ月は売上は順調に推移したものの、3カ月たった現在、売上は伸び悩んでいます。

「モレ」あり、「ダブリ」あり

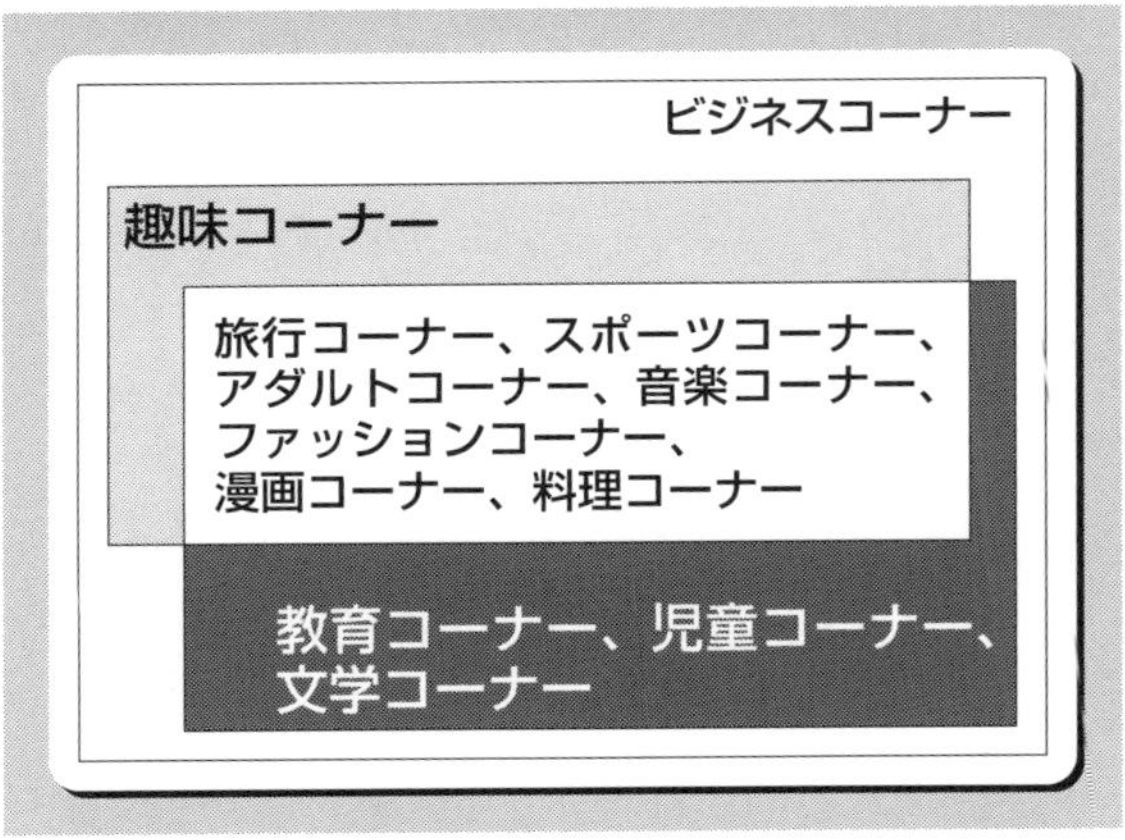

なぜ売上が落ちたのかをコンサルタントに相談したところ、「品揃えにモレとダブリがあるから」という回答でした。ベットタウンの駅前に立地しているということで、当然通勤サラリーマンや通学高校生をターゲットとしてはずせないにもかかわらず、「ビジネスコーナー」や「受験コーナー」を作らなかったことです。このモレにより、一度来店した顧客は二度と来店しない可能性が高くなります。もう一つは「音楽」や「ファッション」という中分類に加えて、「趣味コーナー」という大分類が並列で並んでいることです。すべてに重複して書籍を置くスペースがあるならまだしも、どちらかにしかない書籍があれば、機会損失を生んでいる可能性があります。

5-5 「モレ」なし・「ダブリ」なし（MECE）

【ポイント！】MECEは相手に伝えるだけでなく、自身の整理・分析・問題解決の効率化のためにも最重要！

あるスーパーマーケットの店舗開発部のマネジャーであるあなたは、部長から「顧客の視点に立った、望ましい店舗を企画書としてまとめてほしい」と依頼されました。

まず顧客の視点に立つために、顧客が店舗に来客し、レジで商品の料金を支払い、帰っていくというプロセスで顧客の行動を捉えました。そのプロセスは、「店舗の近くを通行する→店舗に注目する→店舗に入る→店舗の中を巡回する→立ち止まって商品を見る→商品を選択する→レジで商品を支払う→帰る」というプロセスにおいて、いかに魅力的な訴求をし、商品を購入していただくかという視点で報告書をまとめました。

「モレ」なし、「ダブリ」なし

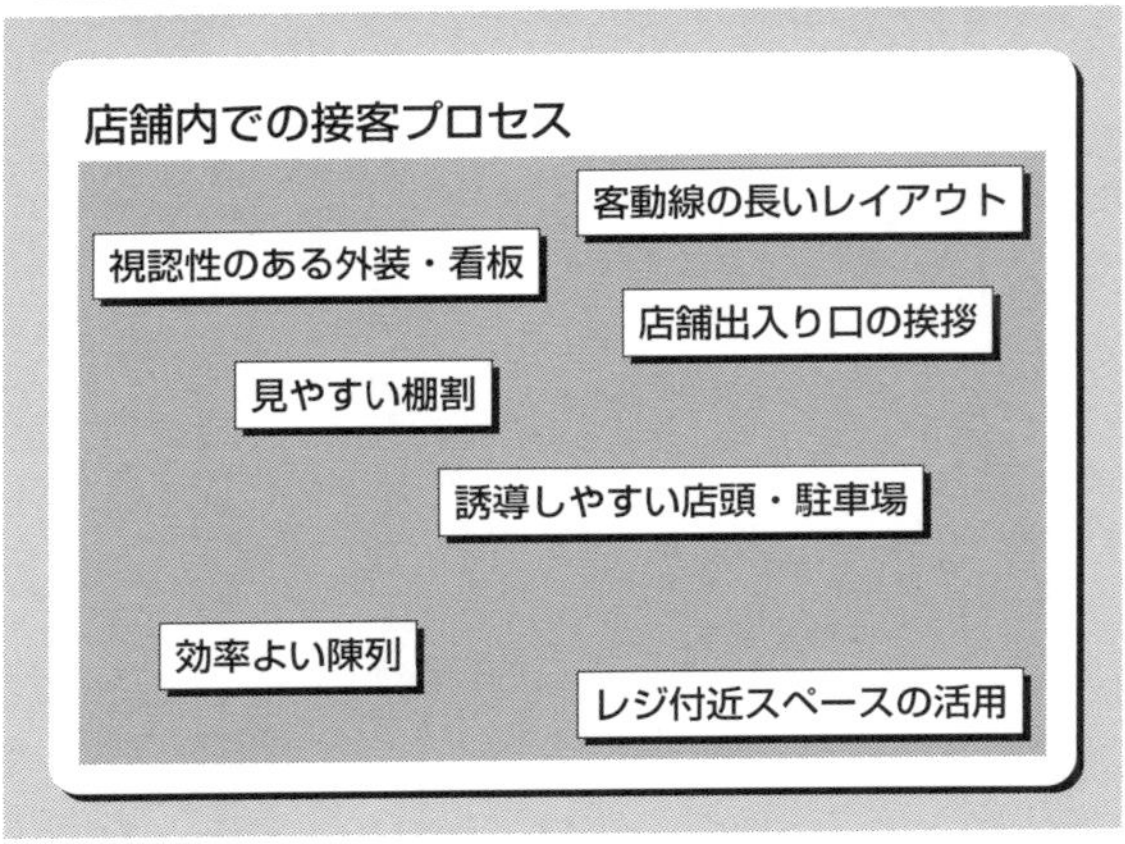

実際の報告書の切り口は顧客の店舗での購買プロセスに従った7つの切り口で書かれていました。①店舗に気づいてもらうような「外装、看板」、②店舗の中に誘導できるような「店頭、駐車場」、③店舗の中をより長く歩いてもらい、商品との接客機会を増やす「客動線の長いレイアウト」、④目的の商品がすぐ探せるようなわかりやすく見やすい「棚割り」、⑤商品の比較購買ができ、関連商品の購買を促すような「陳列」、⑥レジ付近は、混雑していらいらしないような広い「通路」の確保とレジ手前での衝動買いを誘うような「商品配置」、⑦店舗出口での感謝。

報告書は、店舗における購買までの「顧客の導線」という点でMECEになっています。

5-6 MECE化の2つのアプローチ①～グルーピングアプローチ～

【ポイント!】共通項を抜き出そう!

ゼロからMECEに物事を考えることは慣れないうちは難しいかもしれません。ここでは、MECEの整理方法について一般的な「**グルーピングアプローチ**」を見ていきます。

MECEに整理するためには、散らばっているデータを「**共通する属性で分類**」し、それらを束ねていくことが必要になります。この作業のことを**グルーピング**といいます。

このグルーピングは共通項を見出すための論証力を要します。つまり、創造的思考力とこれまでの知識経験の蓄積、そしてそれらをお互いに結び付けるために、これまでの経験にとらわれない「気づき」を必要とするため、実践が難しいです。

『ロジカルシンキング』（東洋経済新報社　2001年）の著者である照屋氏、岡田氏は

グルーピング MECEを活かした情報管理

グルーピングのプロセス

❶ 役立ちそうな情報を全て挙げる

❷ 情報をいくつかのグループに分類

❸ MECE にならい、大きなモレ、重なり、ズレがないことを確認する

（Ref：ロジカルシンキング、東洋経済新報社、2001 年）

グルーピングを行うプロセスとして次の3つを挙げています。

①役立ちそうな情報をまずはすべて挙げてみる

②情報をいくつかのグループに分類する

③MECEにならい、大きな漏れ・重なり・ズレがないことを確認する

たとえば、冷蔵庫に入っている食品を主成分でグルーピングすると次のようになります。

・たんぱく質……マグロ、牛乳、大豆、鶏肉、卵、チーズ、さば、牛肉

・ビタミン……ピーマン、キャベツ、ミカン、カボチャ、ナス、イチゴ

・糖質……パン、イモ、米、麺

・脂質……サラダ油、ゴマ油

5-7 MECE化の2つのアプローチ② ～二股アプローチ～

【ポイント！】最初は二股アプローチで訓練しよう！


次に、多少プロセスが増えるもののよりやさしく確実な「**二股アプローチ**」です。

前項の事例で望ましいのは、最初の段階で①「栄養価を考える」→②「食品の主成分ごとに分ける」→③「食品の主成分のMECEを調べて大分類で分ける」というように、確実にMECEになるように分類の裏づけを行うというプロセスです。しかしながら、明確なMECEの情報がないものもたくさんあります。そんなとき分類を独りよがりに決めてしまうと、折角のMECEの確認ができません。したがって、野菜かそれ以外か、肉かそれ以外か、というように、確実に二股になるブレークダウンから始めていきましょう。

たとえば、「なぜ目標達成ができなかったか？」という問題の原因を追究する場合を考

二股アプローチ

多少プロセスが増えるものの、よりやさしく確実なのが「二股アプローチ」。MECE は枝分かれの数を増やすほど困難になるので、YES,NO の２種類から確実に MECE で分けていく

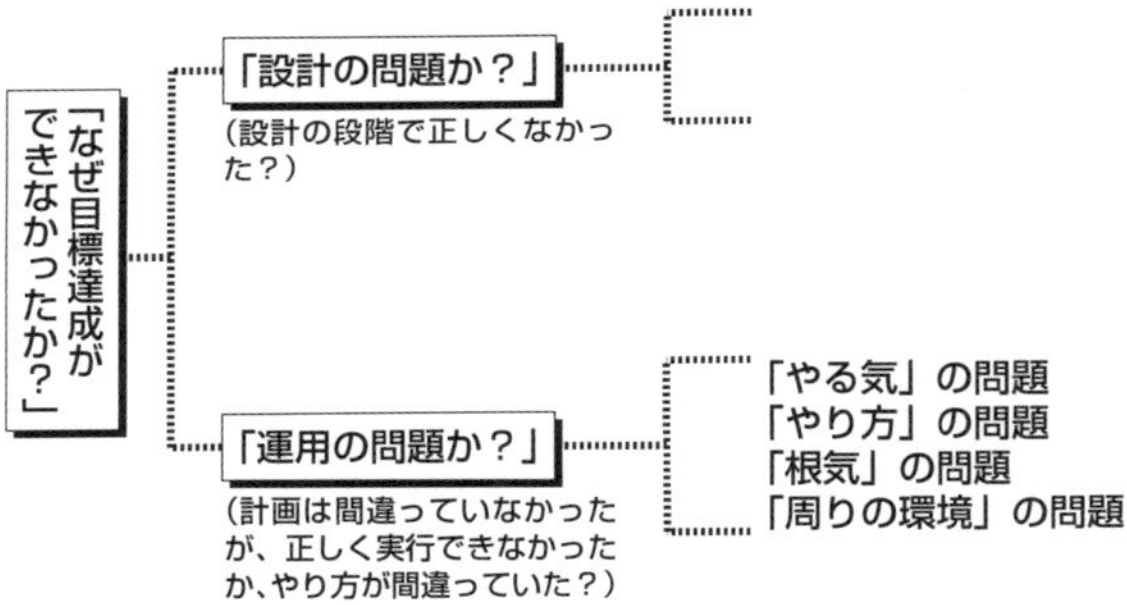
「なぜ目標達成ができなかったか?」
「設計の問題か？」
（設計の段階で正しくなかった？）
「運用の問題か？」
（計画は間違っていなかったが、正しく実行できなかったか、やり方が間違っていた？）
「やる気」の問題
「やり方」の問題
「根気」の問題
「周りの環境」の問題

えてみましょう。「やる気」か「やり方」か、「根気」か「周りの環境」か、この簡単な問いに関しても、相互に重複せず階層のレベルも同程度に合わせてＭＥＣＥにまとめるのは、分類候補の数が増えれば増えるほど困難です。そこで、たとえば「設計の問題か」（計画の段階で正しくなかった?）、それとも「運用の問題か」（計画は間違っていなかったが、やり方がまずかった?）という2つから検討を始めます。計画の問題であれば、「やる気」「やり方」「根気」「周りの環境」のすべてが該当しません。つまり、先ほどの視点では計画上の問題という視点が抜けていましたが、この二股アプローチによって簡単に確実にＭＥＣＥに分けることができます。

5-8 MECEの後は各項目の優先順位づけ

【ポイント!】MECEに整理して終わってはいけない!

ここまでMECEに整理することの大切さ、およびMECEになるための整理の仕方を学んできました。しかし、単にMECEに整理するだけでは必要なプロセスの半分も満たしていません。MECEに整理した後、「**何が重要で、それをどう活用するのか?**」というメッセージを出すための判断が必要です。

モレ、ダブりなく検討するMECEは結論のプロセスにおいて必須なものであり、間違ってもそれ自体が結論となるメッセージにはなり得ません。その中で重要なものを多くても3つに整理し、どうしても当てはまらない項目がある場合は、「その他」という項目を設けるけるやり方は、聞き手にとって情報量が適切であり、合理的な方法のうちの一つだ

MECEの後の優先順位付け

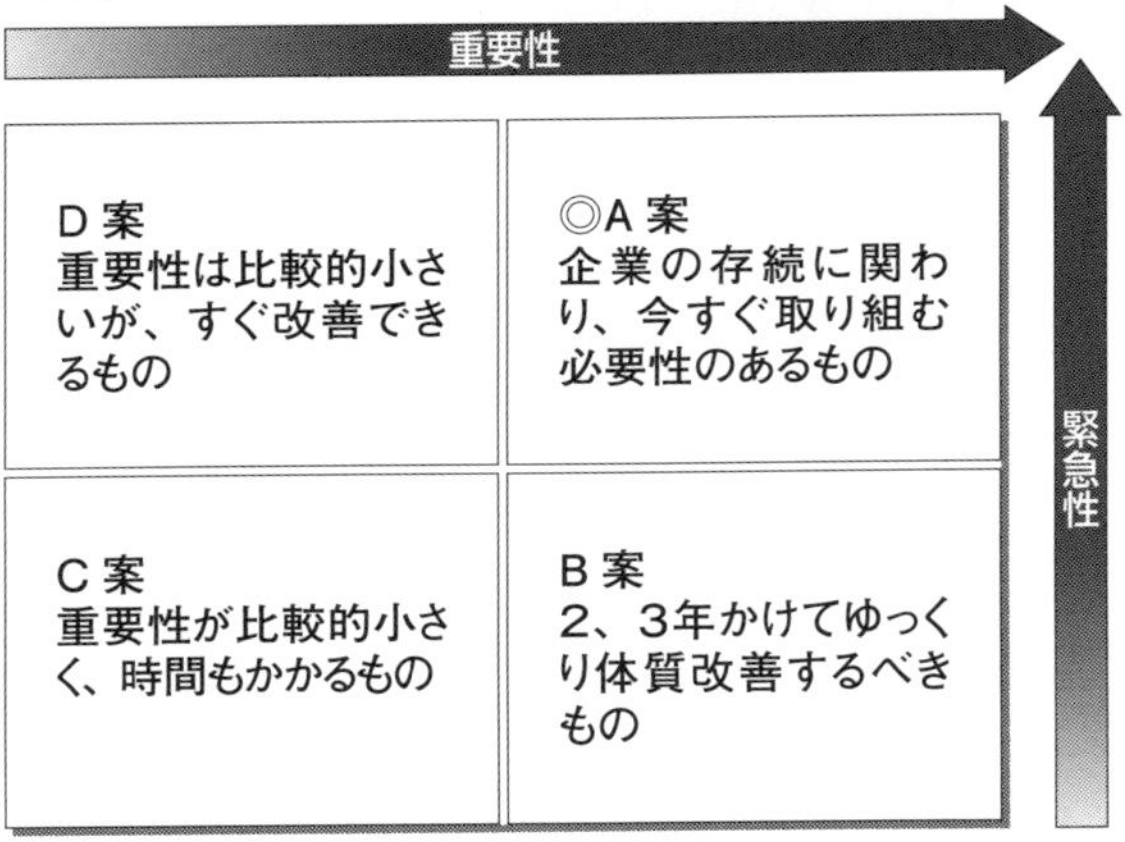

と言うことができます。伝え手は、自分が時間をかけて考えたものであるので、「私はこんなにしっかりと分析しました」と調べた項目をすべて相手に伝えがちです。しかし、聞き手は要点が把握できればよいだけです。

もうひとつ大事なことは、MECEとなっている項目に優先順位をつけて説明するということです。たとえば、「売上改善策」として4つの答えを用意したとしても、その重要度や前提は他の答えと一緒ではないはずです。また重要度の視点も、企業の存続を左右するような今すぐ取り組まなければならないものと、2~3年かけてゆっくり体質改善する中期的なものに分けられるはずです。前提によって重要度は変わります。

事例

⑫ グルーピングの活用事例　データマイニング

ＭＥＣＥで共通項を選び出してまとめる「グルーピング」を活用した事例として、**データマイニング**があります。最近ではクラウドを活用し、企業の内側に存在するデータベース（構造化データ）はもちろん、外側にあるソーシャルメディア上のつぶやき、ウェブサイトの履歴、文章や画像（総称して非構造化データ）までを分析の対象として、膨大なデータから有益な情報を見つけ出そうという動き、すなわち「**ビッグデータ**」が注目されていますが、このビックデータでも活躍する発見方法の一つがデータマインニングです。

たとえば、「地域で運動会が開催される日にはスポーツドリンクが売れる」とか、「風邪が流行する時期には、ヨーグルトが売れる」など、消費者の行動に関して何らかのものと相関関係を探し当てる（マイニング）ことなどです。

データマイニングにはいくつかの手法がありますが、**クラスタリング**という手法がグ

グルーピングの活用事例（データマイニング）

例　「カレー専門店の評価であなたが重視するものは何ですか」

回答の選択肢：辛さ、濃さ、量、味、色、メインメニューの数、トッピングの多さ、調理時間、接客、価格、座席の硬さ、ドリンクバーがある、ラッキョウ、福神漬けが食べ放題、雰囲気（複数回答可）

↓

味・量・くつろぎという共通性で、顧客を分類（クラスタリング）可能

ルーピングを活用した代表例と言えます。クラスタリングとは、異なる性質のもの同士が混ざり合っている集団の中から、互いに似たものを集めて集落（クラスター）を作り、対象を分類する方法です。まさにＭＥＣＥのグループピングプロセスと同様です。

たとえば、カレー専門店の来店客向けアンケートで「カレー専門店であなたが重視するものは何ですか」という質問の回答用選択肢に、「辛さ、濃さ、量、味、色、メインメニューの数、トッピングの多さ、調理時間、接客、価格、座席の硬さ、価格、雰囲気」という複数回答可能な選択肢で分析すれば、クラスタリングを通して、「味・量・くつろぎ」という共通性で、顧客を分類できます。

第6節　MECEの応用　フレームワーク

6-1 フレームワークとは

【ポイント！】最初からMECEになっているものがフレームワーク！

ビジネスの世界では、「3C（自社・競合・市場）分析」といったように、予めMECEになった考え方の**「枠組み」（フレームワーク）**がたくさん存在しています

主観的な判断になりがちな日常の意思決定において、常にモレなくダブりなく情報を集め、比較、分析、判断ができるよう、自分なりにフレームワークを作ることは非常に重要かつ有益なプロセスですが、日常や経営上必要な情報収集やその分析、意思決定するためのデータを最も効率よく整理するフレームワークはすでに存在しているのです。これらを用いることで、大幅に時間を短縮させながらアウトプットを作ることができます。

また、この種のフレームワークは著名な学者やコンサルタントだけが作るものとは限り

フレームワーク思考

フレームワーク

質問に対して、その答えを MECE で論理的に導くためのツールとして、使われる枠組み

例

経営戦略では PPM や競争優位の 3 つの基本戦略、5 つの力（“Five Forces”）、アドバンテージマトリクス、バリューチェーン、マーケティングでは製品サイクル、4P など、ファイナンスではバランススコアカード(BSC) など。

ません。たとえば、「大・中・小」など、私たち自身が意識せずに使っているものもたくさん存在します。他にも「メリットとデメリット」「質と量」のような基本的なものから、経営戦略では「PPM」や「競争優位の3つの基本戦略」「ファイブフォース」「アドバンテージマトリクス」「バリューチェーン」、マーケティングでは「プロダクトライフサイクル」「4P」、ファイナンスでは「バランススコアカード」などが挙げられます。

このように**目的に応じて必要なフレームワークを使うことで、適切な意思決定の材料を用意することができます。**次項からは、代表的なフレームワークを個別に検討することで、日々の意思決定に役立てていきます。

6-2 環境分析（3C∨SWOT）

【ポイント！】 外部環境＋内部環境の代替が3C！

まず企業の現状分析の代表が「**3C**」です。ここでは、事業全体の現状を大きく**顧客（Customer）**、**競合（Competitor）**、**自社（Company）**としてとらえ、それから個々に分析を加えていきます。

たとえば、スーパーマーケットの環境分析では、まず支店の商圏の状況を市場の動向や顧客の動向から説明し、競合スーパーの戦略を説明するとともに、自店の状況を比較整理……と捉えます。この3つをしっかり把握しておくことによって、MECEに自社の経営環境の現状を分析することができます。

その後、それぞれ3つを、自社にとってのプラスの要因とマイナス要因に分類します。

3C

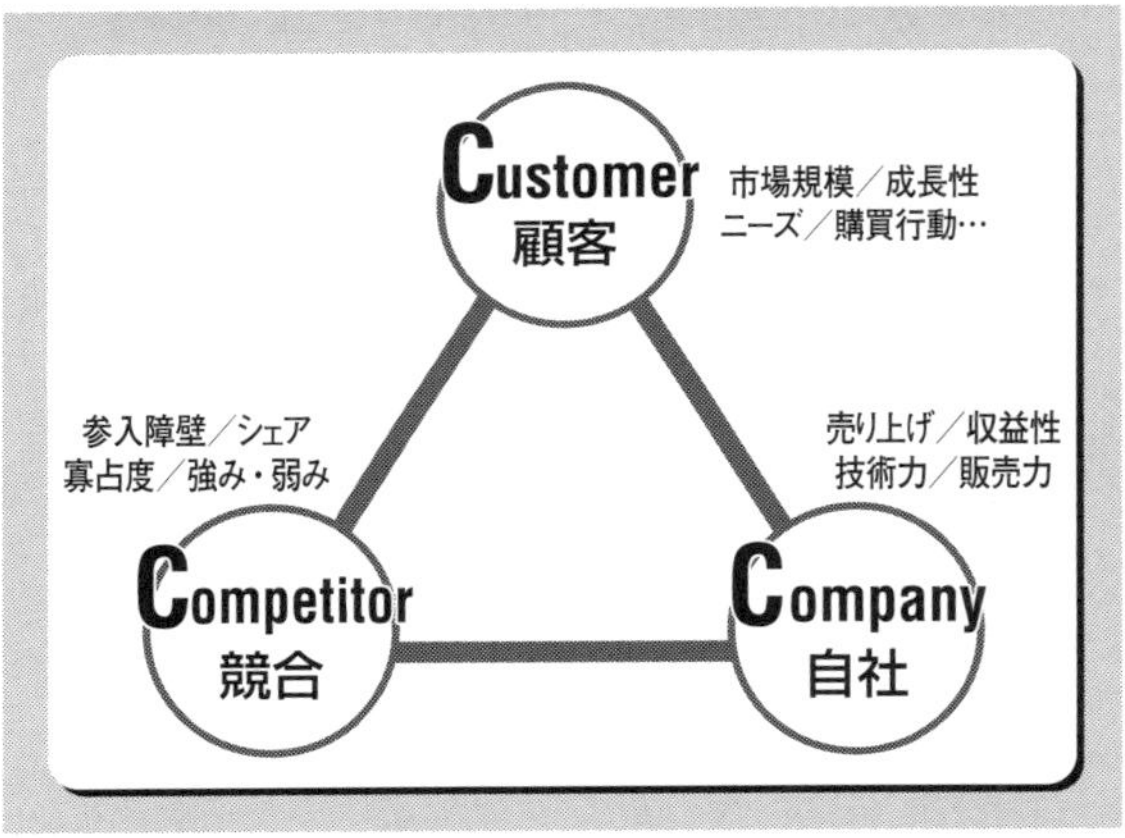

顧客（Customer）、競合（Competitor）は、企業の外部環境にあたり、自社にとってのプラス要因を機会、マイナス要因を脅威と捉えます。そして自社（Company）という内部環境の分析にあたり、プラス要因を強み、マイナス要因を弱みと捉えます。これでかなり詳細な現状分析をすることができます。

たとえば、市場については、市場の規模、成長性、市場のニーズなどについて分析します。競合については、業界の魅力度、競合他社の戦略・顧客・製品など、新規参入の程度などを分析します。自社については、自社の経営体質、技術力、商品力、財務力、マーケティング力、人材などを分析します。

6-3 価値連鎖（バリューチェーン）

【ポイント！】内部プロセスのどこが差別化され、どこを強化すべきか判断するツールがバリューチェーン！

製品が最終消費者に届くまでの付加価値の連鎖を図式化し、競合や自社の競争優位構築の分析をするためのフレームワークに「**価値連鎖**」があります。購買からサービスまでの一連の活動において、他社と優劣の出ている箇所とその原因を解明できるようになります。具体的にこの一連の活動をブレークダウンすると、競争優位を生み出す源泉がどういう構造になっているかを示せるように、活動を9つの価値創造活動に分割していることがわかります。この9つの価値創造活動は、図のように、5つの主要活動（①**購買物流**、②**製造**、③**出荷物流**、④**販売とマーケティング**、⑤**サービス**）と、4つの支援活動（①**調達活**

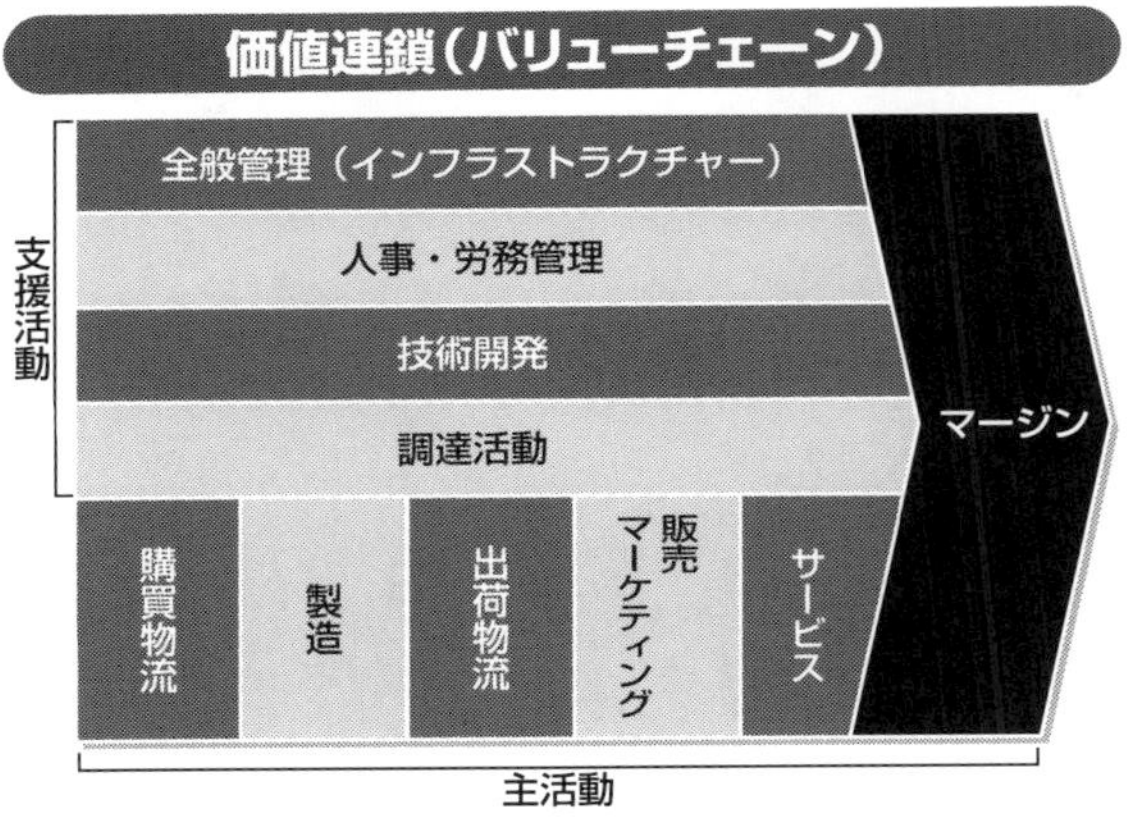

出所：ポーター「競争優位の戦略」ダイヤモンド社、1985年

動、**②技術開発**、**③人事・労務管理**、**④全般管理（インフラ）**に分けられます。

企業は、それぞれの価値創造活動について、コストとその成果を精査し、競合企業との比較において、改善点を探索しなければなりません。そして常にイノベーションに取り組み、少しでも他社との競争優位性を保てるよう差別性を創り出していく必要があります。

また、このフレームワークは、新規事業を開発したり、協力企業とのアライアンスを構築する際にも重要な情報を与えてくれます。

さらに、このフレームワークに情報技術を活用して、価値連鎖全体のイノベーションをもたらす**サプライチェーン・マネジメント**も重要な概念です。

6-4 マーケティングの4P

【ポイント!】マーケティング戦略に従って実際に組み合わせて実行すべき4つの政策が4P!

ある顧客をターゲットとして、自社の狙うべきポジションが明らかになったら、どのようにそのターゲットに対して商品・サービスを提供していくのかを考えます。その際に有効なフレームワークがマーケティングの「**4P（製品、価格、プロモーション、販売チャネル）**」で、この4Pの各政策をマーケティング戦略に基づいて組み合わせることを**マーケティング・ミックス**といいます。

具体的にマーケティングミックスで検討すべきポイントは以下のとおりです。

①**製品戦略**……決定した標的市場に対し、企業が取り扱うべき製品群をどのようなものに

マーケティングの4P

するか設定します。また、取扱い製品の幅・深さなどの品揃えについても設定します。

②価格戦略……製品の価格設定をすることは、価値を顧客へ表示するという側面と利益を直接創出するという2つの側面があります。そのような重要な役割をする価格戦略の設定を行います。

③チャネル戦略……チャネル戦略においては、製品を最終消費者へ到達させるのにどのような経路（流通業者）を利用すれば最も効率的であるかの設定をします。

④プロモーション戦略……今日、多様化しているメディア等を通じて、消費者に製品をPRする最適な手段について設定します。

6-5 事業ポートフォリオ

【ポイント！】製品・事業の企業内での役割別に分けたマトリックスがＰＰＭ！

企業の経営資源は限られているため、複数ある各事業を最適に組み合わせて（事業ミックス）、経営資源を有効に配分する必要があります。この事業の組み合わせを最適化させるための考え方が「**プロダクト・ポートフォリオ・マネジメント（ＰＰＭ）**」です。

ＰＰＭは、横軸に「相対的マーケットシェア」、縦軸に「市場の成長率」をとって、マトリックスをつくります。図のように、事象は以下のような特徴があります。

①**金のなる木**……相対的マーケットシェアが高いため資金の流入が大きく、また市場成長率が低いため、資金の流出は少なくてすみます

②**花形製品**……相対的マーケットシェアが高いため資金の流入は大きいですが、市場成長

事業ポートフォリオ（PPM）

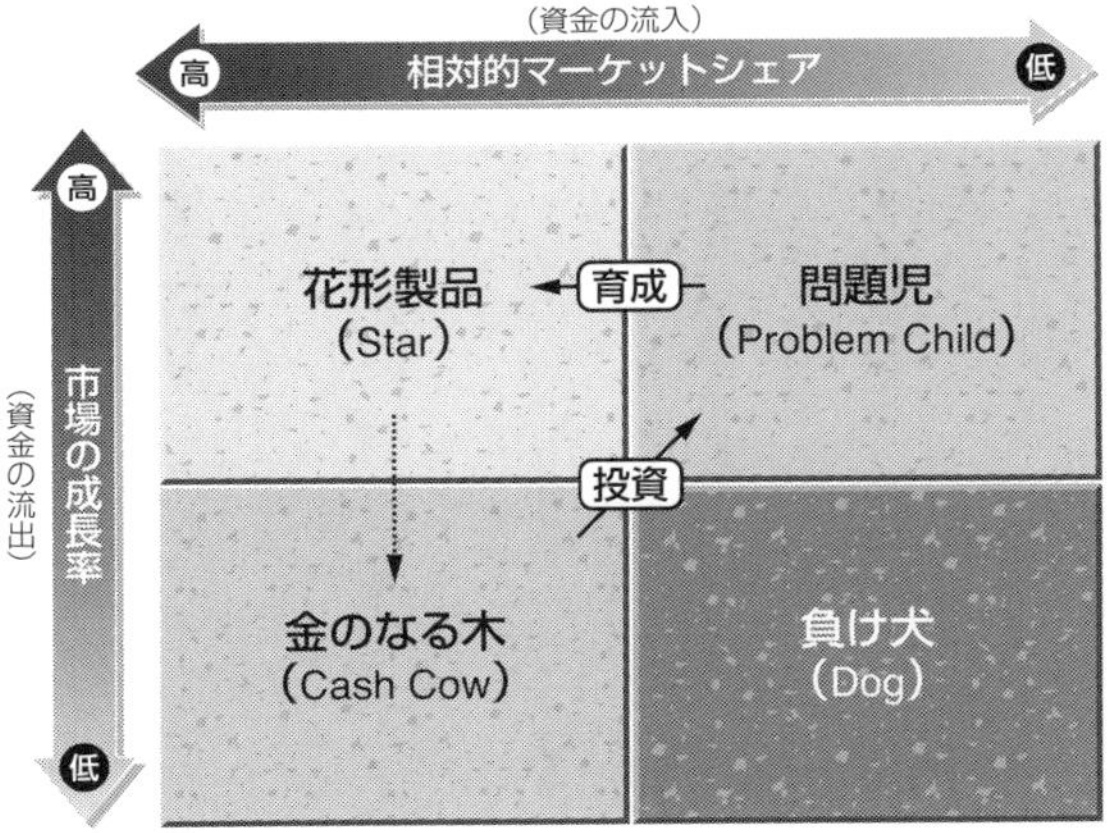

率が高く、資金の流出も大きくなります

③問題児……相対的マーケットシェアが低いため、資金の流入は小さいが、市場成長率が高いため資金の流出は大きくなります

④負け犬……相対的マーケットシェアが低いため資金の流入が小さく、また市場成長率が低いため、資金の流出は少なくてすみます

　ＰＰＭによる事業ミックスは、「①金のなる木」で得たキャッシュを「③問題児」への投資に充て、その「③問題児」を「②花形製品」に育て、積極的な投資を行ってシェアを高め、将来的には「①金のなる木」に成長させるのが理想形となります。事業を分類する際、この４つの事象に必ず該当するので、ＭＥＣＥに整理することができます。

6-6 業界分析「ファイブフォース分析」

【ポイント！】競争環境に影響を与える5つの力をどう跳ね返すかを考えよう！

このフレームワークは「**5つの力（ファイブフォース）**」が総合的にどう作用するかによって、業界の魅力度（収益性）やその業界における競合の状況を把握できます。

（1）業界内の既存の競合……業界内の競合が激しくなるのは、①競合者が多い場合、②製品の差別化が難しい場合、③業界の成長率が低い場合、④撤退する際の障壁が高い場合

（2）新規参入の脅威……新規参入が容易であるのは、①投下資本が小額ですむ場合、②法的規制が少ない場合、③技術上の障壁が低い場合、④チャネルへのアクセスなどマーケティング障壁が低い場合

（3）代替品の脅威……代替品が脅威になるときは、①代替品のコストパフォーマンスが

ファイブフォース分析(five forces analysis)

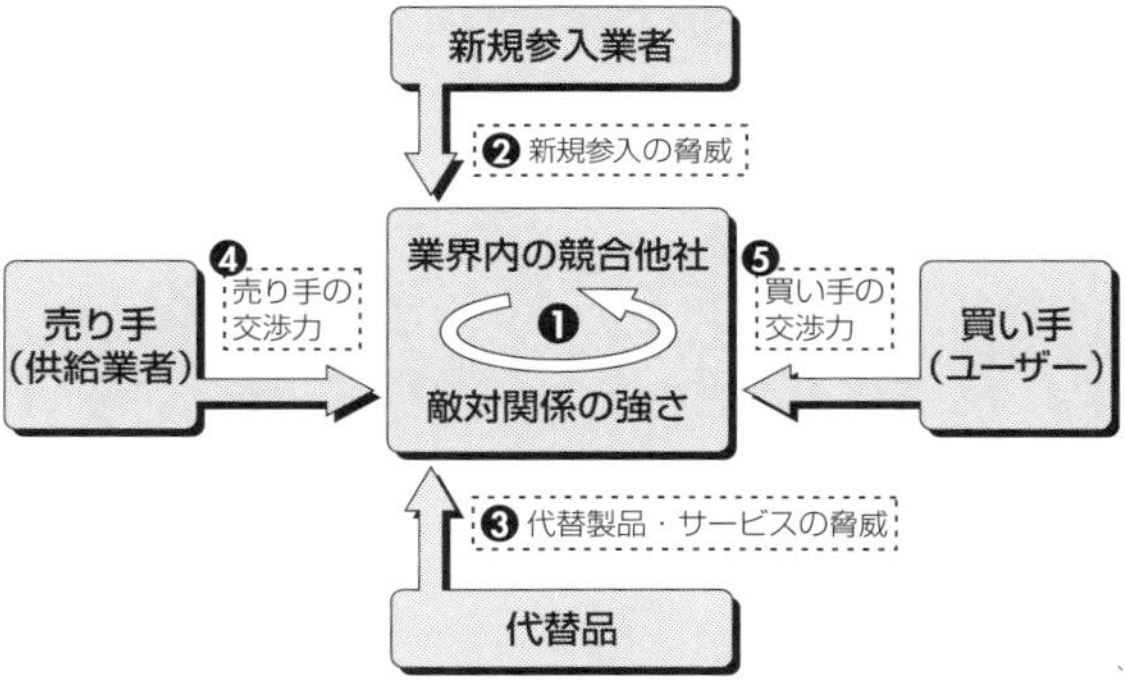

出所：ポーター「新訂 競争の戦略」ダイヤモンド社、1995 年

高い場合、②従来とは違った供給体制が構築された場合

(4) 売り手の交渉力……売り手の交渉力が脅威となるのは、①代替品がない場合、②売り手が少ない場合、③購買する製品が自社にとってコアとなる製品の場合、④売り手にとって自社が重要な位置づけではない場合

(5) 買い手の交渉力……買い手の交渉力が脅威となるのは、①代替品がたくさんある場合、②買い手が少ない場合、③買い手の購入量が多い場合、④買い手の情報量が多い場合

もっとも、この分析自体が定量的なものではないため、個々の企業の内部環境を十分に踏まえたリサーチをした上で、業界の全体像を認識することが大前提となります。

6-7 ポーターの3つの基本戦略

【ポイント！】全方位でコスト優位かコスト以外の差別化か、もしくはある対象にのみコスト優位かコスト以外の差別化で絞り込んで展開するか？

マイケル・E・ポーターは、他社との競争優位を築くためには、①**「コスト優位」**と②**「コスト以外の差別化」**という軸を中心に、3つの基本戦略があると主張しています。

（1）コスト・リーダーシップ戦略……競合他社よりも低コストを実現することにより競争優位性を確保する戦略をいいます。コストを下げる手段としては、「規模の経済の追求」や「経験曲線の利用」などがあります。**（2）差別化戦略**……サービスを含む製品面で徹底的に差別化して提供することで、顧客にその違いを理解してもらい競争優位性を確保しようとする戦略をいいます。また、製品差別化によるコストリーダーシップ戦略と異

ポーターの3つの基本戦略

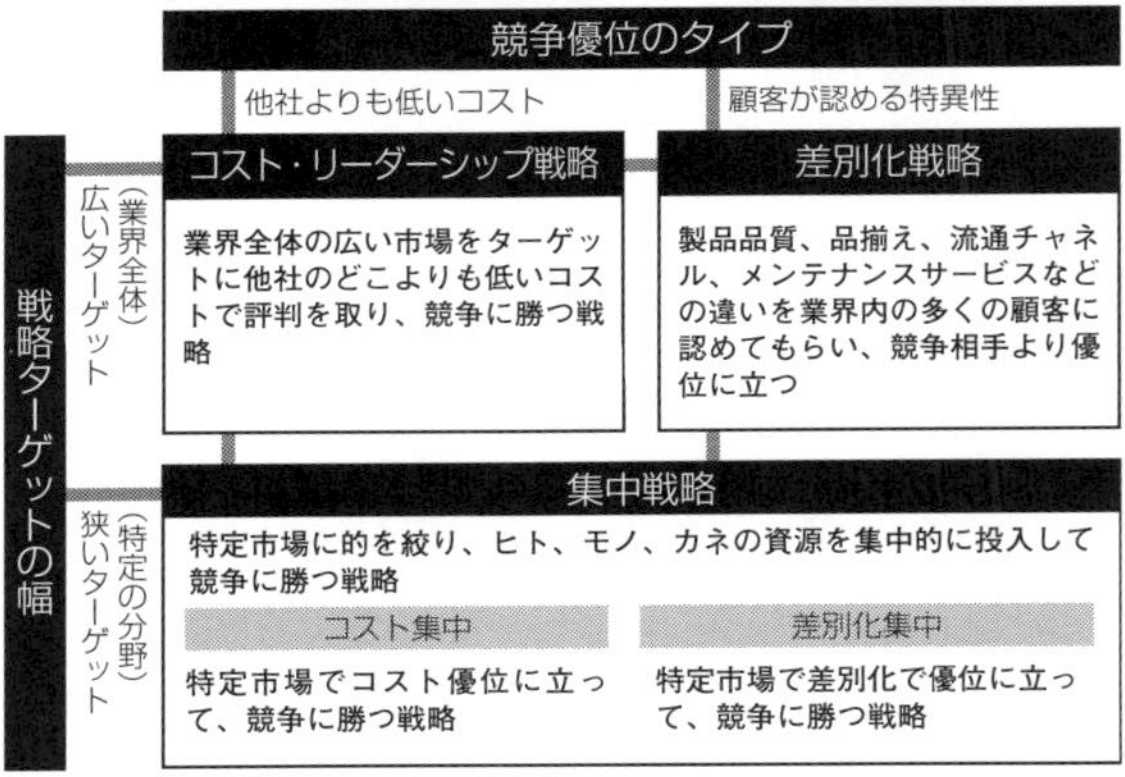
競争優位のタイプ
他社よりも低いコスト
顧客が認める特異性
戦略ターゲットの幅
広いターゲット（業界全体）
狭いターゲット（特定の分野）
コスト・リーダーシップ戦略
業界全体の広い市場をターゲットに他社のどこよりも低いコストで評判を取り、競争に勝つ戦略
差別化戦略
製品品質、品揃え、流通チャネル、メンテナンスサービスなどの違いを業界内の多くの顧客に認めてもらい、競争相手より優位に立つ
集中戦略
特定市場に的を絞り、ヒト、モノ、カネの資源を集中的に投入して競争に勝つ戦略
コスト集中
特定市場でコスト優位に立って、競争に勝つ戦略
差別化集中
特定市場で差別化で優位に立って、競争に勝つ戦略

出所:ポーター「新訂 競争の戦略」ダイヤモンド社、1982年に基づき作成（グロービスMBAマネジメントブック）

なり、「製品の高価格を維持すること」を目的としています。**(3) 集中戦略**……前述の①「コスト優位」か②「(コスト以外の) 差別化」の両方を含むものの、(1)と(2)との違いは、「選択した特定の範囲に特化」して、ヒト、モノ、カネ、情報といった経営資源を投入し、競争優位性を確保という点です。特定の製品・サービスに対して徹底したコスト削減を行う「コスト集中」と、特定の製品・サービスに対して、徹底的に差別化を行う「差別化集中」があります。

企業の競争戦略（いかに競合他社に対して差別化を図っていくか）を考える際、モレなくダブりなく考えるには、有効なフレームワークです。

6-8 SWOT分析

【ポイント!】SWOTの整理で終ってはいけない。論点を導こう!

経営環境を分析する技法として**SWOT分析**があります。縦軸に**外部環境**と**内部環境**(経営資源)をとり、横軸に**好影響**と**悪影響**をとり、自社の環境を客観的に分析します。

①**強み**(Strength)……内部環境(自社経営資源)の強み:好影響(プラス面)
②**弱み**(Weakness)……内部環境(自社経営資源)の弱み:悪影響(マイナス面)
③**機会**(Opportunity)……外部環境(競合、顧客、マクロ環境など)からの機会
④**脅威**(Threat)……外部環境(競合、顧客、マクロ環境など)からの脅威

さらに次のような掛け合わせの問いを通して、攻めと守りの戦略を具体化していきます。

①自社の強みで取り込むことができる事業機会は何か?

SWOT分析

	好影響	悪影響
外部環境	機会（O）	脅威（T）
内部環境	強み（S）	弱み（W）

	機会（Opportunity）	脅威（Threat）
強み(Strength)	（1）自社の強みで取り込むことができる事業機会は何か	（2）自社の強みで脅威を回避できないか？他社には脅威でも自社の強みで事業機会にできないか
弱み(Weakness)	（3）自社の弱みで事業機会を取りこぼさないためには何が必要か	（4）脅威と弱みが合わさって最悪の事態を招かないためには

②自社の強みで脅威を回避できないか？　他社には脅威でも自社の強みで事業機会にできないか？

③自社の弱みで事業機会を取りこぼさないためには何が必要か？

④脅威と弱みが合わさって最悪の事態を招かないためには？

重要なことは、SWOTに分けるだけでもMECEになります。しかし、むしろSWOTに分けた後の掛け合わせの4つの問いこそが本質的に考えるべき内容と言えます。つまり、攻めの観点と守りの観点から環境をモレなくダブりなく分析し、外部環境と内部環境との融合を図り、戦略代替案を探っていくのです。

6-9 ハード・ソフト（7つのS）

【ポイント!】ハードに対するソフトの適応こそがマネジメントの役割と捉えよう。

モレとダブリがない整理のフレームワークに「**ハード**」と「**ソフト**」という切り口があります。同様に、経営戦略を実行する際の重要なフレームワークとして「**7つのS**」という考え方があります。戦略を策定しても、組織や社内システムと整合性が取れ、また社員のコンセンサスや社員のスキルなどが備わっていないと確実に実行することができません。
7つのSは以下の3つのハードSと4つのソフトSから成り立っています。

【3つのハードのS】

①**組織**（Structure）……組織の形態をどうすべきか、権限分掌をどう図るか
②**戦略**（Strategy）……事業の競争優位性を維持・確保するための強みは何か

戦略実行とコントロール

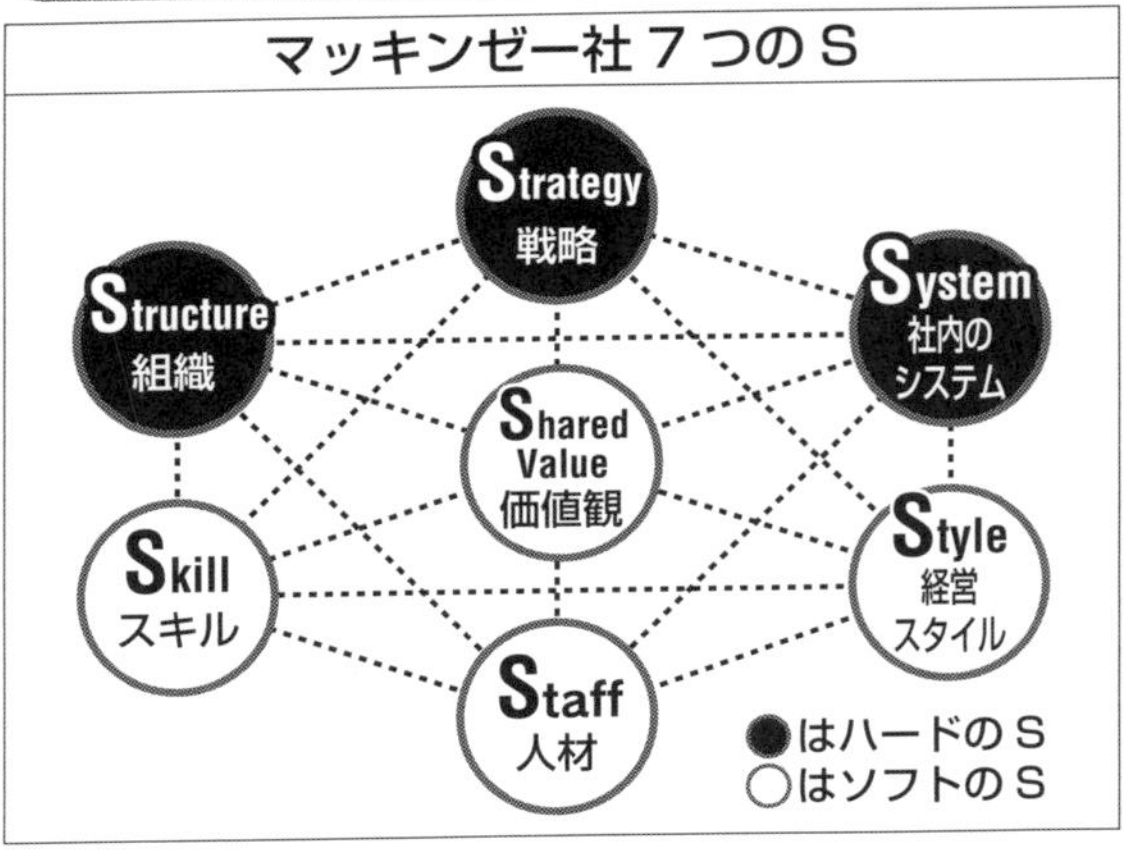

③**社内のシステム**（Systems）……情報伝達のプロセスや報告様式は何を重視するか

【4つのソフトのS】

④**人材**（Staff）……優れた人材を採用、教育し、適材適所の仕事を任せているか

⑤**スキル**（Skill）……戦略遂行に必要な専門技術を持っているか

⑥**経営スタイル**（Style）……従業員が共通の行動と薬層スタイルを持っているか

⑦**価値観**（Shared Value）……従業員が同じ価値観や使命を共有しているか

ハードのSに比べ、ソフトのSは、すぐに変更することが困難であるため、このことを考慮に入れて実行計画を立てることが重要になってきます。

6-10 バランススコアカード（BSC）

【ポイント！】財務的視点だけでは組織を正しく導けない。

経営の評価指標は財務諸表に載った数字だけではありません。財務指標のみによる偏った評価を革新させる新たな業績評価システムとして、1992年にキャプランとノートンによって提唱されたのが**バランススコアカード**（BSC）です。

BSCは、「**財務的視点**」「**顧客の視点**」「**社内ビジネスプロセスの視点**」「**学習と成長の視点**」という4つの視点で、財務的業績への影響が強い指標を、**重要業績指標**（**KPI**：Key Performance Indicator）として設定し、その向上を評価するフレームワークです。

BSCで設定される各指標は、財務的指標と非財務的指標の関連を定量的に明確化することで、以下のようなバリューチェーンを作る支援をします。

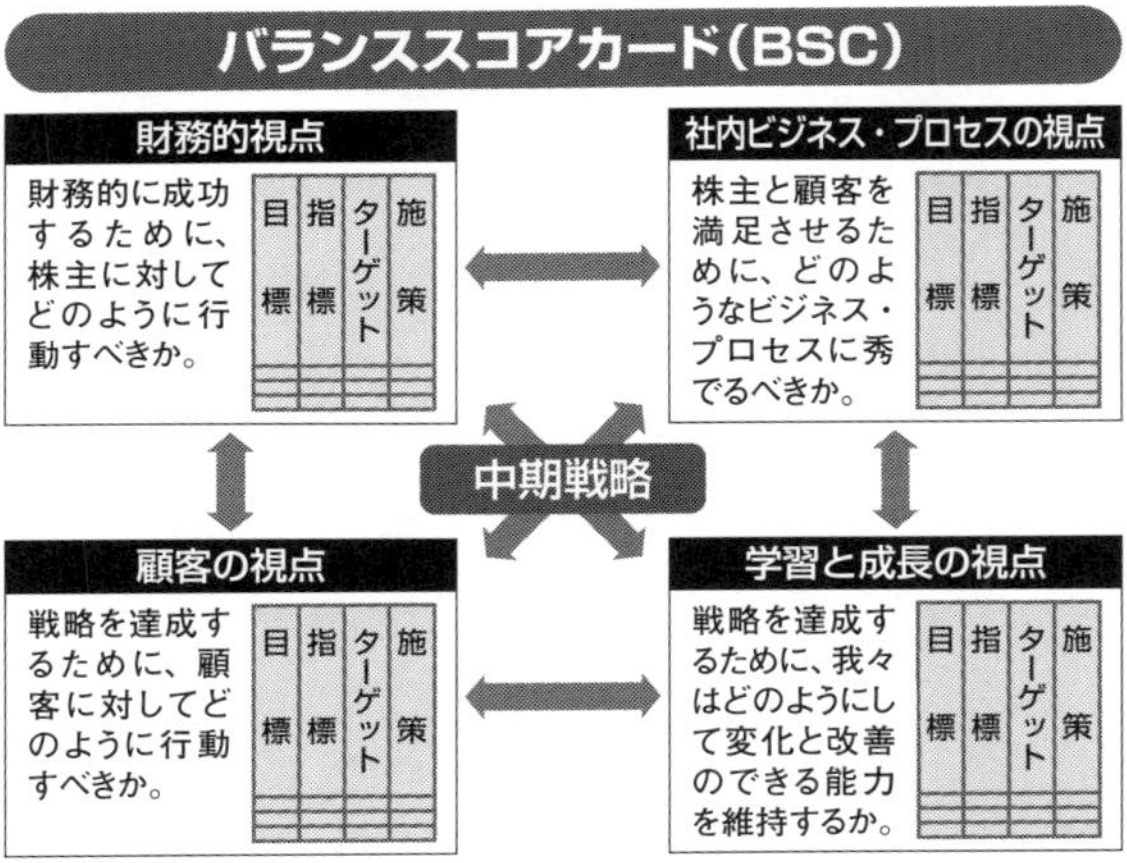

バランススコアカード(BSC)
財務的視点
財務的に成功するために、株主に対してどのように行動すべきか。
目標
指標
ターゲット
施策
社内ビジネス・プロセスの視点
株主と顧客を満足させるために、どのようなビジネス・プロセスに秀でるべきか。
目標
指標
ターゲット
施策
中期戦略
顧客の視点
戦略を達成するために、顧客に対してどのように行動すべきか。
目標
指標
ターゲット
施策
学習と成長の視点
戦略を達成するために、我々はどのようにして変化と改善のできる能力を維持するか。
目標
指標
ターゲット
施策

（出 所）Robert S.Kaplan and David P.Norton,"Using The Balanced Scorecard as a Strategic Management System,"Harvard Business Review（1996　Jan/Feb）より NRI 作成

・顧客満足度と営業の効果を計るために、法人営業のプレゼン研修を実施
・より効率的で、納得性のある提案を可能にすることで、顧客の時間も節約
・顧客の信頼を得ることで顧客からの相談が増える
・顧客満足がロイヤリティー向上をもたらし、他部署、別会社への紹介へ

最終的には売上向上や収益拡大といった財務的指標に結びつくものの、重要なポイントは「そこに至るまでのプロセスのなかで、顧客満足度などの指標を用いて連鎖の関係を検証することができる」ということです。

バランスの取れた指標により業績をみていくことになり、ＭＥＣＥであると言えます。

6-11 効率・効果

【ポイント!】最終的に効果を求めるのがゴール。

ビジネスパーソンは、限られた時間の中で成果を出していかなければなりません。しかし、そのとき「**効率**」と「**効果**」は必ずしも同じ意味を持ちません。実際、私たちは毎日無意識のうちに「**無駄なことを〝効率的〟に作業してしまおう**」としがちです。

たとえば、あなたが7営業日の営業時間内という限られた時間の中で、自社の競合20社について詳細にわたるレポートの提出を求められている場面を想定してみましょう。仮に1社につき4時間かかったとすると、その時点で作業を止めてやり方を変えるべきでしょう。いや、本来は4時間たつ前にやり方を変えるべきです。1日2社しかできない計算だとその時点で10営業日かかってしまうからです。時間内に終わらないレポートを作ること

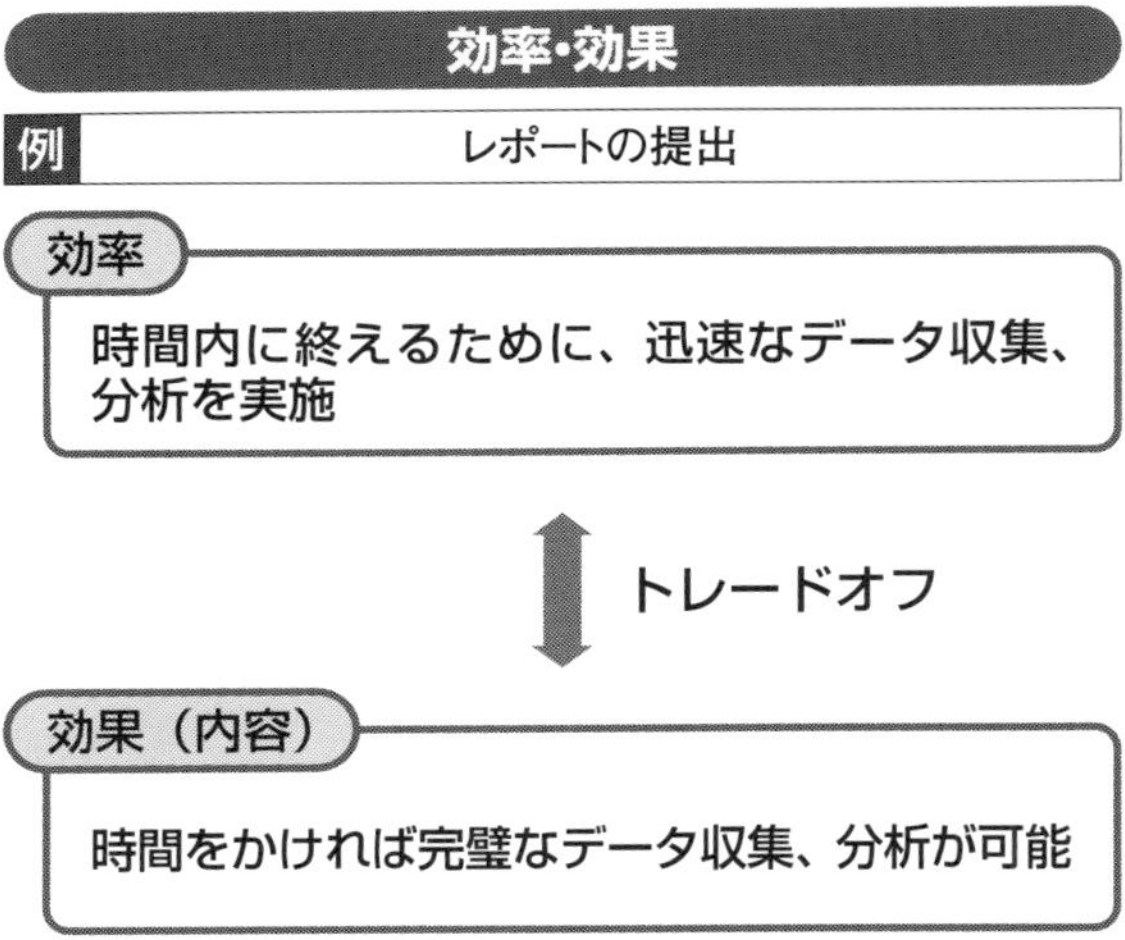

は目的を達し得ないので「効果的」とは言えません。行うべきは効果的なやり方を最初の段階で複数検討し、それぞれ実行してみて「効果的なやり方を確定させること」であって、効率的に作業をこなすのはその後の運用レベルの問題です。

あなたは報告書の内容を完璧なものにするために、分析に時間をかけたいのですが、期限の制約から効率性を追求しなければなりません。この場合、効率と内容（効果）は表裏一体（**トレードオフ**）の関係にあると言えます。

ひとつの事象について、効率と効果の両方の視点で言及することは、ＭＥＣＥに整理するのに非常に有効であると言えます。

6-12 質・量

【ポイント!】質と量は根本的に評価の種類・尺度が違うが、これらを満たした物事の考え方が重要。

「**質**」と「**量**」という分類をすることも、MECEも同様です。

「最近売上が伸び悩む原因は、営業マンに問題があるということが、管理部のデータにより明らかになった。具体的に現状の営業マンの問題点をあげてくれないか。来週の月曜までにレポートとして提出してくれ」

さあ、あなたはどのようにこのレポートをまとめればよいでしょうか。

整理の一例として、「質」と「量」という切り口で整理してみます。人的販売の問題点は、大きく分けて2つあります。すなわち、営業マンの質的不足と量的不足です。

質・量

例	人的販売の問題点
質的不足	❶ 基本的接客マナーができていない
	❷ 顧客のニーズを汲み取った提案営業ができていない
	❸ 時間の使い方ができておらず、効率の悪いルート巡回となっている
量的不足	❶ A 地区をカバーする営業マンが足りていない
	❷ キャンペーンを行う際の実働人数が足りていない
	❸ 1つの課の中において、末端の営業マンをまとめ指揮命令をとるマネージャの数が不足している

■質的不足

①基本的接客マナーができていない
②顧客のニーズを汲み取った提案営業ができていない
③時間の使い方ができておらず、効率の悪いルート巡回となっている

■量的不足

①A地区をカバーする営業マンが足りない
②キャンペーンを行う際の実働人数が足りていない
③1つの課の中において、末端の営業マンをまとめ指揮命令をとるマネジャーの数が不足している

このようにまとめると、非常にすっきりし、MECEになっていると言えます。

6-13 事実・価値

【ポイント!】「価値」(判断)を「事実」と混同してはいけない。

H・A・サイモンは経営における意思決定をするにあたり、「**事実**」と「**価値**」という2つの前提を検討しなければならないことを主張しています。事実前提とは、技術、情報、知識など意思決定をする際に前提となる事実のことで、客観的な把握が可能です。一方、価値前提とは、個人的な主観・判断、価値など意思決定をする際に前提となる価値のことで、客観的な把握が困難なものをいいます。ある結論を出した際に、その根拠が「事実」と「価値(判断)」のどちらかでしかないという意味で、MECEであると言えます。

たとえば、自社について分析して「儲かっている」という結論を出した場合、「総資本経常利益率が同業他社平均と比べて高いから」という根拠は事実であると言えます。また

事実・価値

例　「自社についての経営分析を実施→結論「自社は儲かっている」

根拠を考えて事実と価値（判断）に区分

事実　「総資本経常利益率が同業他社平均と比べて高いから」

価値（判断）　「自社は他社に先駆けて、サプライチェーンマネジメントを実施しており、発注から納品までのリードタイムがかなり短縮できているから」

「他社に先駆けてサプライチェーンマネジメントを実施し、発注から納品までのリードタイムが短縮できているから」というのはその要因の影響度が解明される前の時点では「価値（判断）」であると言えます。

また、同様の切り口として、「**定量・定性**」というものがあり、市場を細分化する場合などに使われます。市場を細分化することは顧客ターゲットを絞り込む上で非常に重要なことですが、その細分化の基準として以下のように分類することができます。

- **定量的基準**：性別、年齢、所得、職業
- **定性的基準**：ライフスタイル、趣味、購買態度、ロイヤルティ

6-14 長所・短所（メリット・デメリット）

【ポイント!】恣意的にならないよう、長所・短所の内容をMECEに挙げよう。

我々は普段何気なく行っている意思決定において、常に**長所（メリット）**と**短所（デメリット）**を考え、天秤にかけた上で決断をしています。

たとえば、多種多様に存在する媒体の中から、自社の製品特性、顧客ターゲット、予算額などに合致したメディアを選択する必要があります。またメディアにも、マスに対して訴えるものと、消費者一人ひとりに対して、個別的にメッセージを伝えるものがあります。さらにそれぞれよい点と悪い点があり、目的に応じて使い分け、媒体を組み合わせることが必要になります。その場合、各媒体の長所、短所を整理することがMECEとなります。

■電話

長所・短所

例	「企業広告をどの媒体で行うか」

電話	長所	視聴者の選択性・融通性、個人的・双方向性
	短所	わずらわしさ、迷惑がられるとイメージダウンにつながる
テレビ	長所	映像、音声、動きにより視聴者の感覚に訴えることができる
	短所	高コスト、視聴者が選別できない
雑誌	長所	地域別、属性別の選別性の高さ、社会的信用、高質の印刷
	短所	広告が出るまでリードタイムの長さ、高コスト

〈長所〉視聴者の選択性・融通性、個人的・双方向性
〈短所〉わずらわしさ、迷惑がられるとイメージダウンにつながる

■テレビ
〈長所〉映像、音声、動きにより視聴者の感覚に歌えることができる
〈短所〉高コスト、視聴者が選別できない

■雑誌
〈長所〉地域別、属性別の選別性の高さ、社会的信用、高質の印刷
〈短所〉広告が出るまでリードタイムの長さ、高コスト

このように、項目についてＭＥＣＥで整理することが可能になります。

6-15 時間軸①（短期・中期・長期）

【ポイント！】短期を語るときは必ず中・長期をセットで！

企業の経営計画には、短期経営計画・中期経営計画・長期経営計画がありますが、中長期だけで短期の計画がない企業に今期の計画実行は不可能でしょう。逆に目先の短期計画しかない企業がこれから将来にわたり継続できる保証はないかもしれません。このように、物事を時間軸で捉えることもMECEに整理する際には、有効な手段になります。

ある企業に対して、経営戦略案を提案する場面を想定してください。まず、あなたは企業の将来の展望として、企業を取り巻く市場動向や競合状況、政治・経済環境などの動向予測を踏まえ、今後10年後の企業のあるべき姿（長期戦略）を提示します。

そして次に、企業が10年後にそのあるべき姿に変身を遂げるためには、3年後、5年後

時間軸①（短期・中期・長期）

例　経営戦略案

1. 企業の将来の展望として、企業を取り巻く市場動向や競合状況、政治・経済環境などの動向予測を踏まえ、10 年後の企業のあるべき姿（長期戦略）を提示

2. 次に、企業が 10 年後にその姿に変身を遂げるためには、3 年後、5 年後までにどの段階まで成長していなければならないか（中期戦略）を提示。

3. 最後に、直近 1 年間での企業の方向性を提示します。そしてそれを実現するためには何をしなければならないか、今日から具体的に何をやっていけばいいのか（短期戦略）を明らかにする。

までにどの段階まで成長していなければならないか（中期戦略）を提示します。そしてそのために、地道かつ着実に中期的に取り組まなければならない方策を提示します。

さらにあなたは、その中期計画を達成させるために必要な施策を含めた直近1年間の施策やアクションプランを提示します。そして、実現のためには何をしなければならないか、ひいては今日から具体的に何をやっていけばいいのか（短期戦略）を明らかにします。

このように、**短期・中期・長期**という時間軸を使って、MECEに整理することができます。時間軸であるため、各項目の中で述べていることについて整合性がとれていなければなりません。

6-16 時間軸②（過去・現在・未来）

【ポイント！】過去の趨勢等の評価時は必ず延長線上の現在・未来を前提とする。

経営分析は、企業の状態をさまざまな資料、データから分析し、改善させ得る課題を探り出す手法です。しかし、今期分のデータだけで分析しようとしても、完全な形で（ＭＥＣＥに基づいた形で）実行することはできません。

少なくとも絶対値として、売上げが多い、少ない、利益が多い、少ないなどを他社や業界平均と比べて検討することはできますが、今年の評価をするためには、「去年よりどの程度売上または利益が上がったか」、もしくは「去年よりも20％向上したとしても、過去5年間の平均伸び率が35％であれば、今年の結果は例年に比べむしろ15％ダウンの数字」となります。つまり、自社内での趨勢を通して評価をする必要もあります。

時間軸②（過去・現在・未来）

例 業績の評価

今年の評価をするためには、過去との比較から、そして将来の視点を含めて予測

伸び率の減少

「何が変わっているか」、「改善できるのかどうか」、「できるのであれば、いつ改善でき、そのために何をすべきか」、「改善できないのであれば、いつ赤字に転落するか、その前に事業を縮小または撤退すべきかどうか」、「縮小するのであれば、いつのタイミングで、どの程度縮小すべきか、またいつ縮小すべきか」

同様に、過去と現在だけでなく、将来の視点はより重要です。売上・利益の絶対額は上がっていても、その伸び率が減少しているのであれば、例年より「何かが変わっている」ということであり、その「何か」をいち早く見つけ出し、「改善できるのかどうか」「できるのであれば、いつ改善でき、そのために何をすべきか」を検討し、また逆に「改善できないのであれば、いつ赤字に転落するか、その前に事業を縮小または撤退すべきかどうか」「縮小するのであれば、いつのタイミングで、どの程度縮小すべきか、またいつ縮小すべきか」など、「**過去・現在・未来**」という時系列の分析が、経営分析ではとても重要です。

6-17 仮説思考

【ポイント！】仮説思考でショートカットしよう！

仮説思考は、限られた時間の中で効率よく情報を集め全体像を把握するための思考技術であり、あらゆる仕事で必要とされる非常に重要なスキルと言えます。ある程度時間の余裕があれば大抵のことは誰でもある程度の結論を見出すことができますが、現実には１つの課題に対し、何カ月もかけて調べて検証するということが許される仕事はほとんどないからです。さらに、１つではなく、複数のタスクを最短でこなしていかなければならない現状において、付加価値のあるアウトプットを生み出すためには、大きな方向性の意思決定を最短で行い、詳細の掘り下げのための時間を確保する必要があります。

たとえば、利益低下の原因を考えるだけでも、「売上（収益）の下落か」「費用の上昇

仮説思考

仮説思考のプロセス

❶ 仮説を立てる

❷ 仮説に基づく結論を持つ

❸ その上で仮説を実証するのに必要な情報だけを集める

か」から始まり、売上は製品ごと、費用も原価や販売管理費などの大科目、人件費などの中項目、管理職や特定の個人ごとまで分けられ、最終的な枝分かれが数十個から100以上できるはずです。しかし、何が利益低下に最もインパクトのあった原因なのかを知るために、1つひとつ分析して、どれに集中するのが良いか検討することに意味はありません。**「インパクトのある結果を生み出す」**ためには、影響度の大きい主要因を3つ程度に絞り込んで、それらを掘り下げて実行に時間をかけた方がよほど意味のある分析と言えるのです。その上で、**「その原因が恒常的なものか？　それとも〝たまたま〟なのか」**についてさらに掘り下げることができます。

第7節　ロジックツリー

7-1 原因追究のロジックツリー

【ポイント！】問題解決の前提に真の原因追究を！

物事を構造化して考える代表的な思考ツール「**ロジックツリー**」は因果関係とＭＥＣＥの考え方を使って、上位概念を下位概念にツリー状に論理的に分解するものです。ロジックツリーには、**①問題の原因を追究する**、**②問題の解決策（及びその代替案）を考える**、という2つの活用法があります。ここでは①の原因追究のロジックツリーを見ていきます。

■（例）原因を深く探らず、反射的に答えを出し、その場をしのぐ悪い例

問題「部下のやる気が下がっている」→原因「　　？　　」→間違った解決策「夕飯でもご馳走してあげよう」

正しい解決策を導くためには、部下のやる気が下がっている原因を追究しなければいけ

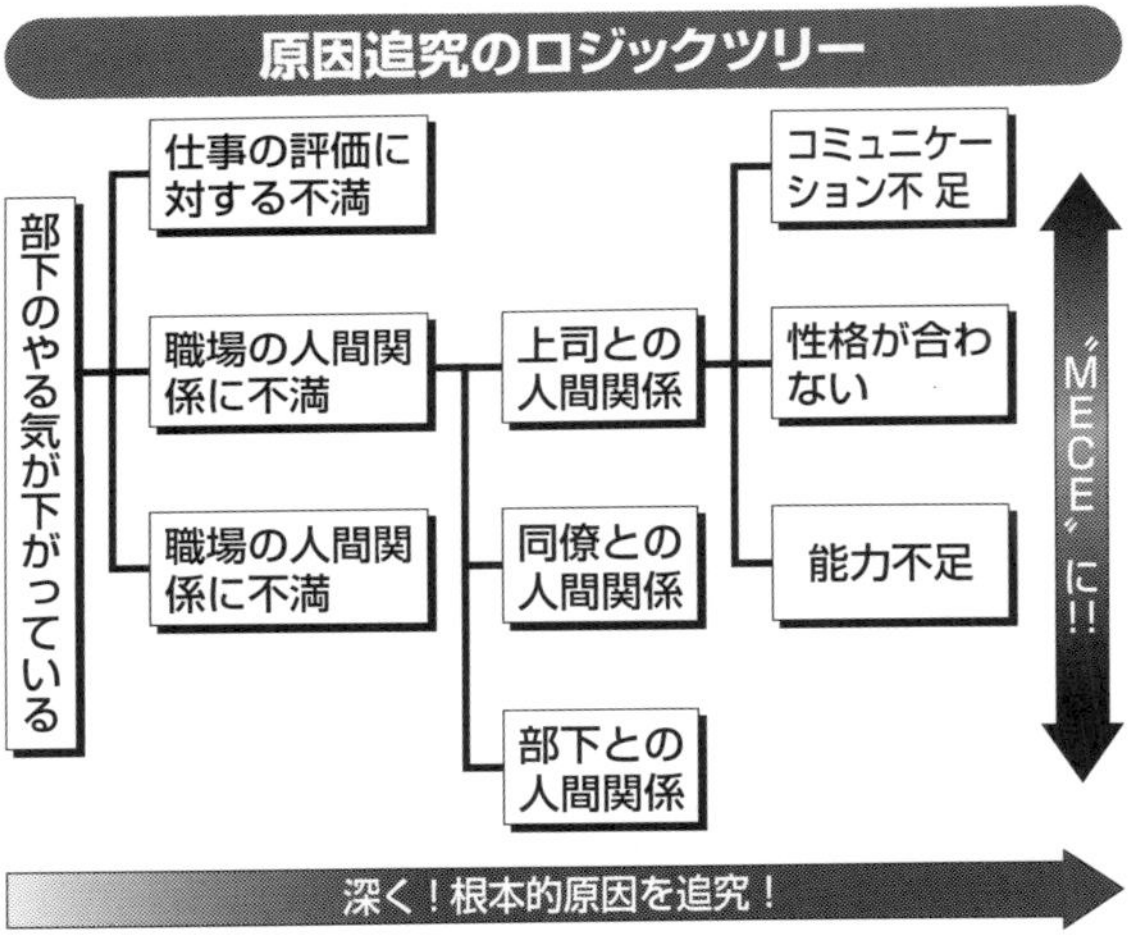

ません。不満や不安があるのは、自分の仕事の評価についてか、職場の人間関係についてか、職場環境についてか、などなど。仮に職場の人間関係について不満があるのなら、誰と、なぜ、とより深く追究し本質的な原因を突き止めなければなりません。

仕事の問題と仕事以外の問題では解決策がまるで違います。問題解決のための最も重要なステップは「**真の課題の原因追究**」です。たとえば、仕事上の問題があったとして、「自分の評価に不満がある」と決めつけてしまうと検討する意味がありません。つまり、ロジックツリーのもう一つの要素であるMECEになるような選択肢をベースに、真の原因を特定していく必要があるのです。

7-2 原因追究の必要性①
～「なぜ」を繰り返すことの重要性～

【ポイント!】キーワードは「超具体的」に。そのために「なぜ」を掘り下げよう!

「最近胃が痛い」からといって胃痛止めの薬を飲んでその場はしのげても、胃痛の「根本的な原因」を掘り下げて考えて、それに対する解決策を考えなければなりません。

ここで単純に結果から解決策を導こうとすると、問題を裏返しただけの解決策となってしまいます。たとえば、「売上が落ちている」という問題点に対し、「気合を入れて売上を上げろ」では、問題を裏返しただけであり、根本的な解決にはなっていません。原因を広く深く考えることが不十分であれば、表面的な問題のみを解決してもいずれ再発します。

【広がりをとらえる　～さまざまな可能性をリストアップ～】

胃痛であれば、その原因はストレスか、はたまた胃ガンかもしれません。原因を広い視

なぜを繰り返すことの重要性

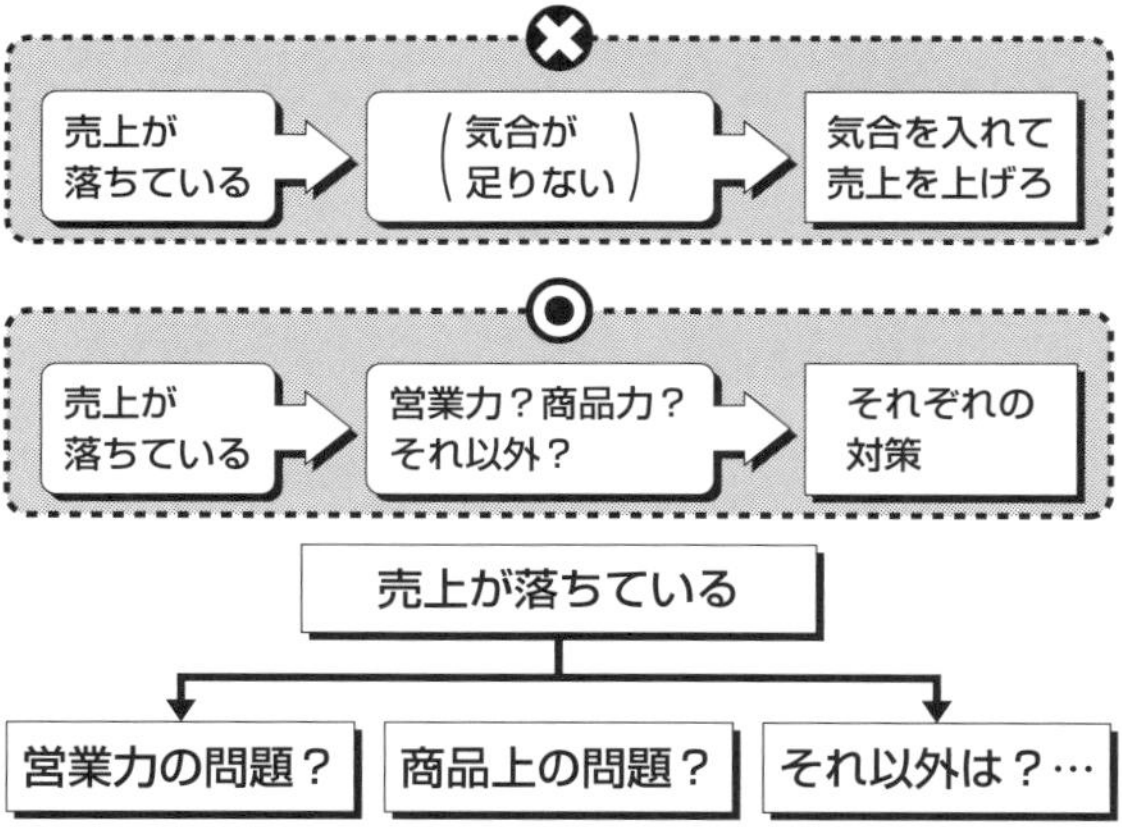

野で探す（ゼロベースで考える）ことで、重要な要素を見逃すことを防ぎます。さまざまな可能性をリストアップしたら、個々を深く掘り下げることで、原因を具体化、追究できるはずです。

【問題を深くとらえる　～「なぜ？」をしつこく！～】

すぐに解決策を出したいという欲求は誰にでもあるものです。しかし、それを我慢して、問題を限界まで追究していく練習を習慣づけましょう。具体的には、図のように、「なぜ？」と「どうして？」とひたすら自問を繰り返してみます。「なぜ？」を繰り返すたびに問題の原因と解決策が具体化されていくのがわかるはずです。

7-3 原因追究の必要性② ～失敗から学ぶ～

【ポイント!】問題の原因追究を果たす前に問題解決案を考えるな!

なぜを繰り返し、物事の根本から問題解決の糸口を探すことの重要性は、そのまま「**失敗から学ぶ**」プロセスとなります。

柳田邦男氏はその著書において、医療事故、薬害、震災、オウム、少年犯罪、官庁や企業のスキャンダルなど、あらゆる事例をとって失敗の本質について、「なぜ事故が起きたのか、なぜ被害が拡大したのか」という原因を解明せずに、「だれがこれを起こしたか」といった責任追及などの副次的要素の解明に集中されていることを指摘しています。責任者を処罰しても（企業の担当者に責任をとらせても）事故（失敗）はなくならないという点に冷静に目を向け、「再発防止の鍵はなにか」と事故調査こそ徹底してやるべきです。

原因追究の失敗から学ぶ

例　企業内での賄賂でA部長が捕まった

✖

A部長は生活に苦しんでいたから
（A部長だからしょうがない）

◎

A 部長の立場は取引先の中から発注先を決める権限のある責任者だったから

↓

取引先からのお歳暮や接待など一切禁止したり、意思決定に際し複数の担当が介入するなど、再発防止に努める

そして、この「徹底」こそが、「なぜ」を繰り返すことなのです。たとえば、企業内で賄賂が発生した原因が「A部長は生活に苦しんでいた（らしい）」というだけであれば、「A部長だったから」という表面的な理由づけで片づけられるでしょう。しかし、本来考えるべき問題は「A部長の立場は、取引先の中から発注先を決める権限のある購買部の責任者であった」という点です。そのスタートラインに立てれば、誘惑や誤りを事前に防ぐべく、「取引先からのお歳暮や接待など一切禁止」にしたり、「意思決定には複数の担当が携わる」など、二重、三重のチェックと透明性を作り出す仕組みを構築できるよう、最善の努力を尽くすことができるはずです。

事例

⑬ 原因追究のロジックツリーの事例

ロジックツリーは、原因を深く追究していく「**縦の関係（因果関係）**」と、その具体的項目にモレ、ダブリ、ズレをなくす「**横の関係（MECE）**」を意識して、論理的に原因を追究していくのに非常に役立ちます。具体的な事例で見ていくことにしましょう。

■（例）利益低下に苦しむ製造業A社の問題の原因を追究する

利益低下の原因の追究で、「今は不景気だから」と反射的に答えを出すのはクリティカルシンキングではルール違反です。それでは、順を追って利益低下の原因とそのインパクト（影響度）を分解、追究していきます。

まず、利益は売上と費用に分解できます。まず、会社のデータを調べてみたら、費用の増加は認められず、売上低下が顕著だったとします。それなら次は、売上低下をさらに「Ｗｈｙ（なぜ？）」で分解します。商品価格の低下なのか、売上数量の減少なのか、調べ

原因追究のロジックツリー

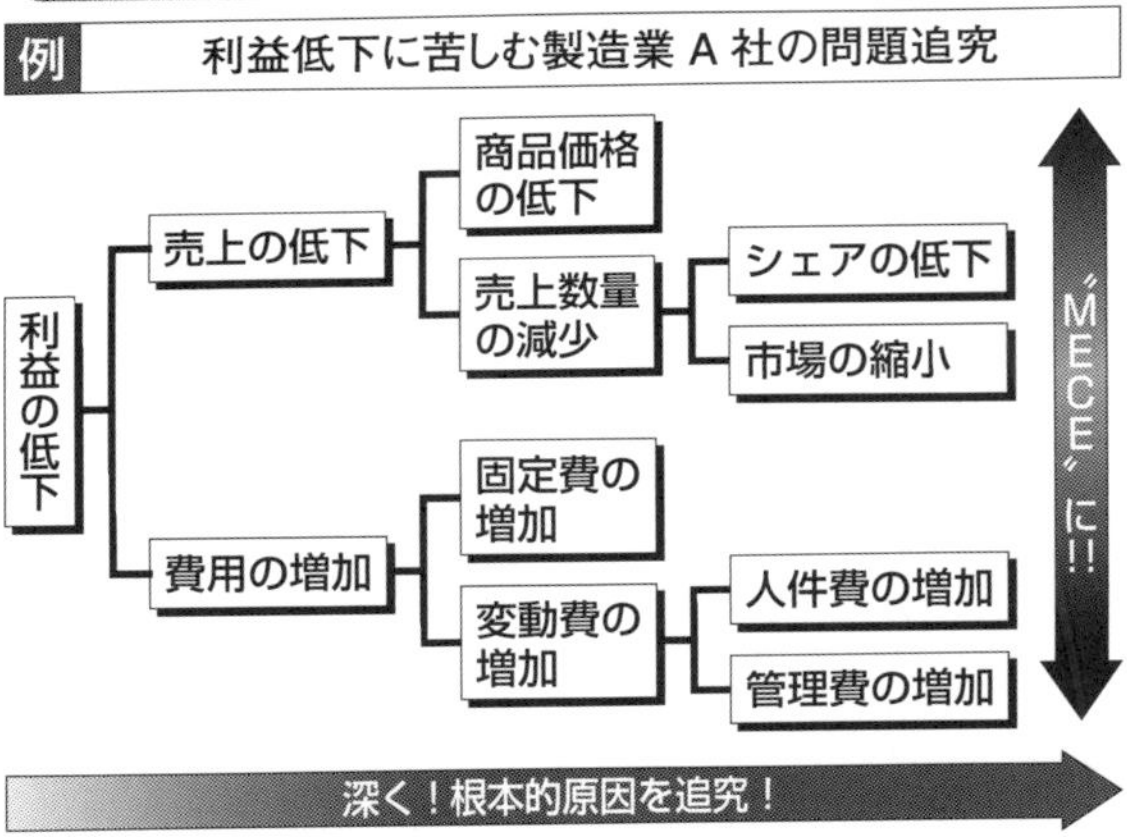

ます。後者ならば次は、「シェアの低下か？」「市場の縮小か？」とどんどん深堀りしていきます。それを繰り返すうちに、原因がだんだん具体的になっていくはずです。また、原因を追究していく際には、各レベルはMECEに注意して分解してください。

重要な点は、「たぶんこれだ」というような抽象的かつ独りよがりな決めつけではなく、裏づけを確認していき、MECEに分けた原因の選択肢のツリー（枝）を切り、真の原因を特定していく「検証のプロセス」なのです。「限界だ」と言えるまで原因を追究した後は、当初の仮説と比較にならないほど具体的で、説得力のあるものとなっているはずです。

7-4 問題解決のロジックツリー

【ポイント！】突き止めた真の原因から問題解決のロジックツリーがはじまる！

ロジックツリーの残りの活用法である解決策を考えてみましょう。

前項の例では、「シェアの低下」まで原因を追究してみましたが、いくら深く原因を追究しても、「シェアを増加させろ」では単なる問題の裏返しの解決策になってしまいます。課題に対して、ある解決策を出したならば、その解決策に対して、「それでどうする？」と自分に問いかけ、さらなる具体的な解決策を出してきます。

また、具体的解決策になるように深く掘り下げることによって、ツリー状に階層ができていきますが、各階層の中の具体的解決策の横の広がりは、原因追及のロジックツリーと同様、ＭＥＣＥになっていなければなりません。

問題解決のロジックツリー

原因追究とともに「解決策」を

例　利益低下の原因＝シェアの低下と判明

✖ シェアを上げろ

◉ どのようにシェアを上げるか…

■【例】食品スーパーZ社の例

課題「A店舗の売上を伸ばしたい」↓解決策「消費者ニーズを捉え、それに適合するマーケティングミックスを展開する」

　これでは何も言っていないのと変わりません。まず、消費者は誰か、その消費者のニーズは何か、そしてその消費者がひきつけられる商品は何かを明らかにしなければなりません。それを踏まえたうえで、「**SO HOW?（それでどうする）**」を繰り返し、品揃え、価格、商品流通、プロモーションはどうするのかを具体化していきます。さらに、品揃えであれば、仕入業者の選別、商品の色・サイズ、陳列場所などをどんどん掘り下げて、具体的解決策にしていかなければなりません。

事例

⑭ 問題解決のロジックツリーの事例

■（例）製造業者A社のシェア回復への解決策を考えてみる

前述した利益低下に苦しむ製造業者A社の例では、A社の利益低下の原因は売上数量の減少を引き起こしたシェアの低下である、というレベルまで追究しました。仮に、このシェア低下は、A社のライバルで業界1位のB社のシェア拡大によるものだとします。このとき、A社としては、B社に奪われた分のシェアを回復し、売上数量の回復→利益の回復をめざすことになります。そのためにはどのような解決策をとったらよいか、考えてみます。まず、シェアを回復する手段として、「**So, how?**」（だからどうする）を考えて、以下の3つの解決策が浮かんできました。

①新しい分野に進出し直接対決を避ける
②堂々と同じ土俵で直接対決する

問題解決のロジックツリーの事例

例	製造業者 A 社のシェア回復への解決策
原因	競合 B 社が A 社のシェアを奪った

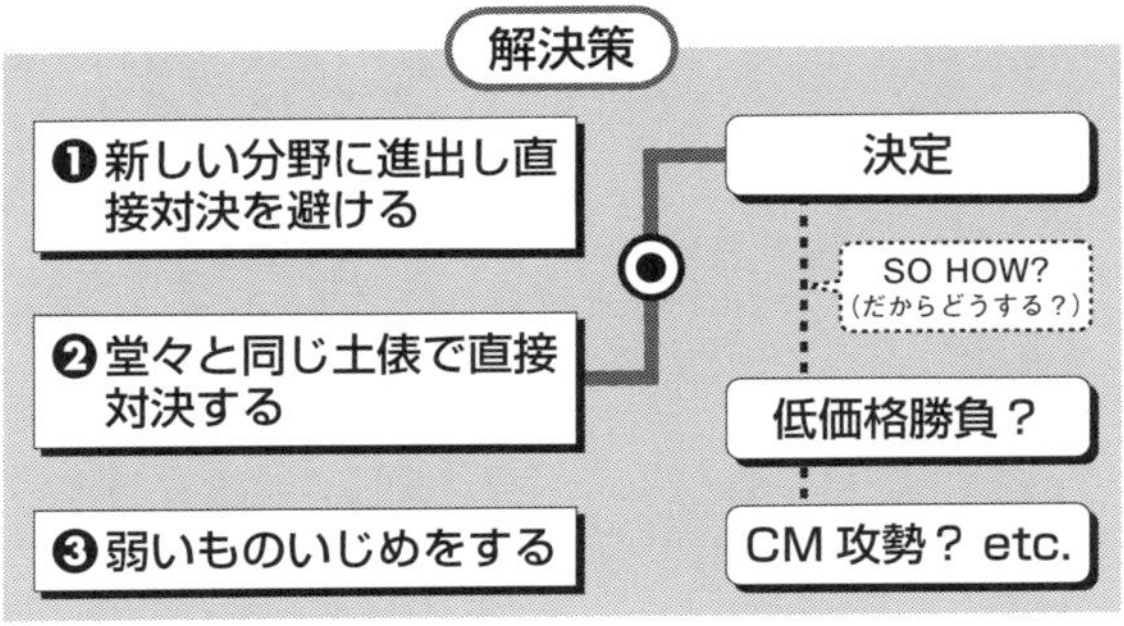
解決策
❶新しい分野に進出し直接対決を避ける
❷堂々と同じ土俵で直接対決する
❸弱いものいじめをする
決定
SO HOW?
(だからどうする？)
低価格勝負？
CM 攻勢？ etc.

③弱い者いじめをする

この3つからどれが解決策としてふさわしいかを判断するために、自社とB社の比較などを分析するわけですが、ここでは仮に2番目の解決策をさらに「So, how?」してみます。製品で差別化するか、低価格で勝負か、ペプシコーラのような攻撃的なCMを打つか……など、解決策を具体化していきます。ここでもう1つ重要なことは、実際のビジネスの現場では、その具体策をアクションに移さなければ、まったく意味がないということです。「実現可能である」という命題を自分の頭のロジックに組み込んで、具体的解決策を考えることが有効です。

COLUMN

〈コラム②〉"クリティカルに" 考える際の落とし穴

売り場面積当たりの売上がまるで違うと言われるジャスコ（イオン）とイトーヨーカドー（セブン&i・ホールディングス）を比べて、「どちらが優れているか？」といった記事をよく見かけます。しかし、両社の戦略は基本的に異なっており、何の前提もなしに「どちらの戦略が正しいか？」という問いを考えても答えはありません。重要なことはどちらの戦略であっても、「戦術・施策までの一連の計画との整合性をいかに取り続けられるか？」という一点に関わってきます。具体的に見ていきましょう。

●イオングループの戦略

たとえば、シェア拡大を前提にするイオンでは、好景気ではより多くの利益を稼ぎ、不景気になるとより大きな損失を出すこともありますが、それをもって「イオンの戦略はリスクがあるため間違っている」とは言えません。しかし、実際は多くのビジネス誌の記事もその時々の成績によって評価がコロコロ変わりがちです。

シェア拡大を前提にした戦略では、過去のヤオハンやダイエーに見られたように、いかに暴走機関車になって破綻しないように業績低迷の店舗の出退店の意思決定や店舗コンセプトの転換を早期化させることが重要です。つまり、拡大を前提とした利益増大では、拡大ペースが落ちる景気の後退時に速やかに抜本的な意思決定ができるかが成功の前提条件となるでしょう。

●セブン&iグループの戦略

一方、利益率を重視したイトーヨーカドーでは、利益率が半分になってもシェア拡大を目指すといったライバルがいる中で、コンビニのアジア強化などいかに縮小均衡にならないようにメリハリのつけた事業セグメントを絞りこんで、利益率を確保できる領域に確実に経営資源を投入していくか？　という点にあると言えます。

このようなことは、日本の人口が爆発的に増加していった高度経済成長期においては市場自体が急拡大していたため問題にすらならなかったことです。しかし、その前提変化を無視してただ昨日と同じように事業を続けると、百貨店業界のように市場全体がシュリンクし、コンビニや郊外型のスーパーセンター、都市型小規模食品スーパー等、各種専門点にとって代わられ、業界トップでも慢性赤字状態ということになりかねません。

何を前提に、何を重視するか？　戦略如何に関わらず、その前提変化を認識し、対応した施策を考え、場合によっては大戦略を変えざるをえないのかどうか？　このようなモニタリングが必要と言えます。

第3章

アウトプットでの活用

第3章「アウトプットでの活用」では、これまで第1章「主体的な課題設定」で扱った課題に気づくことの重要性およびその方法、そして第2章「論理的思考」でみてきた因果関係とMECEに注意をした物事の整理の仕方およびそのためのツールとしての経営的フレームワークを総合し、最終的なアウトプットとして活用するための方法論を学びます。

第8節「ピラミッド思考」では、プレゼンテーションや提案書などコミュニケーション上でわかりやすくメッセージを伝える重要性とその方法について、「ピラミッド構造」というフレームを中心に考え、因果関係、MECE、そして新たなポイントである「導入部のストーリー展開」という3つから成るアウトプット時の基本構成を見ていきます。

第8節　ピラミッド構造

8-1 ピラミッド構造とは

【ポイント!】相手に〝気づき〟を与えられるように、伝え方もクリティカルに!

書き手が文書によって、相手に対してメッセージを伝える場合、**相手にとってわかりやすい**文章を書くように工夫しなければなりません。まず重要なこととして、読み手は、情報について、一度にひとつずつしかインプットすることができないということを覚えてください。言いたいことがすぐに伝わらない文章を読み返す時間など、忙しいビジネスパーソンは持ち合わせていません。

では、どうすればわかりやすい文章を書くことができるのでしょうか?

それは、読み手がわかりやすく理解できるように、伝え手が論理的に導いてあげることです。考えを論理的に展開し、その考える順序をつくって、そのとおりに誘導していくこ

ピラミッドの構造

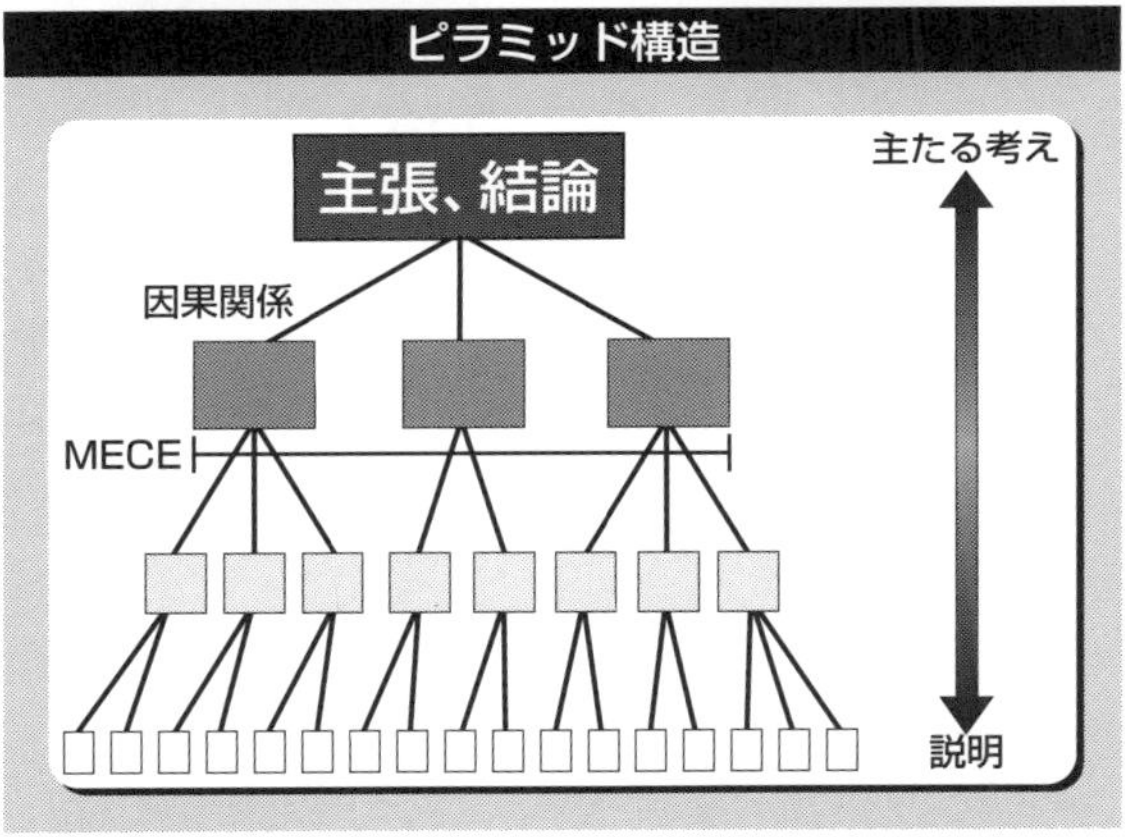

とが必要です。そのわかりやすい順序とは、**上から下へ考えを配列する方法**です。このような読み手にとってわかりやすく、論理的な順序に沿って導いてくれる文章は、図のような**ピラミッド構造**で成り立っています（バーバラ・ミント著『考える技術・書く技術』ダイヤモンド社）。

読み手にとって一番わかりやすい文書とは、まず主たる大きな考え（主張）を受け取り、そのあとに大きな考えをサポートする小さな考えを受け取るという並べ方であり、これがピラミッド構造です。頂点を文書の主張とすれば、2番目のレベルは章、その下は節、その下は段落、その下はセンテンスといった具合になります。

事例⑮ 文章の比較
～ピラミッド構造になっている文章とそうでない文章～

■読み手にとってわかりやすい文書はどちら？

図の2つの例は、同じテーマに関する報告書となっていますが、どちらが読み手にとってわかりやすいでしょうか？

ただ単純に根拠を羅列し、結論を最後に示す「報告書1」よりも、ピラミッド構造を反映して結論を先に述べ、その後に理由を大分類から示している「報告書2」のほうがわかりやすいのではないでしょうか。まず一番言いたいこと（「購入すべきだ」）を述べ、その根拠を3つの大きなポイントに分け（グループ化）、小ポイントでそれをサポートする構造です。読み手がこの意見に賛成するかどうかは別としても、理解はしてもらえるはずです。それに比べて、「報告書1」は、最後の結論にたどりつくまでに読み手が疲れてしまい、なぜそのような結論になったのか、把握しづらいのではないでしょうか。

文章の比較

ピラミッド構造になっている文章とそうでない文章

例 A社のフランチャイズ権購入の是非についての報告書

✖ 単純に事実・根拠を列挙

◉ 一番いいたいこと（購入すべきだ）を述べ、その根拠を3つにグループ化、小ポイントでサポート

報告書1

A社のフランチャイズ権購入の是非について

A社フランチャイズ権購入の是非についての検討結果をご報告します。

A社は、❶高いマーケットシェアを持つ　❷もともと低コスト構造である

❸管理プロセスが単純で、併合も容易に可能　❹市場に手強い競合がいない

❺売上が成長途上である　❻別個の事業であり、併合も可能

❼利益が拡大基調にある

以上を考慮すると、同権利は早急に購入すべきです。

報告書2

A社のフランチャイズ権購入の是非について

A社フランチャイズ権購入の是非についての検討結果をご報告します。同権利購入によって当社にもたらされる、戦略的なメリットは極めて大きいものであり、早急に購入を決断すべきです。

❶業界平均より高い成長が見込める――高いマーケットシェア（15％以上）
- ●手強い競合がいない

❷高い財務メリットが見込まれる――もともと低コスト構造である
- ●売上が成長途上である
- ●利益は拡大基調である

❸事業併合が容易である――管理プロセスが単純である
- ●別個の事業である

出所：バーバラ・ミント「新版　考える技術・書く技術」ダイヤモンド社、1999年、23頁を加筆・修正

8-2 ピラミッド構造の詳細①～主ポイントと補助ポイントの縦の関係～

【ポイント!】ピラミッドは3つの基礎構造を理解しよう!

バーバラ・ミントによれば、ピラミッド構造には以下の3つの基礎構造があります。

①主ポイントと補助ポイントの縦の関係(因果関係)
②補助ポイント同士の横の関係(MECE)
③導入部のストーリー展開

【主ポイントと補助ポイントの縦の関係】

ここは因果関係を明確に掘り下げて、読み手を論理的に導いていくプロセスです。

たとえば、あなたが、Z食品スーパーの経営コンサルティングを任されているとしましょう。あなたは、社長(聞き手)に対して「A店舗は閉鎖しなければならない」というメ

ピラミッド構造の詳細①

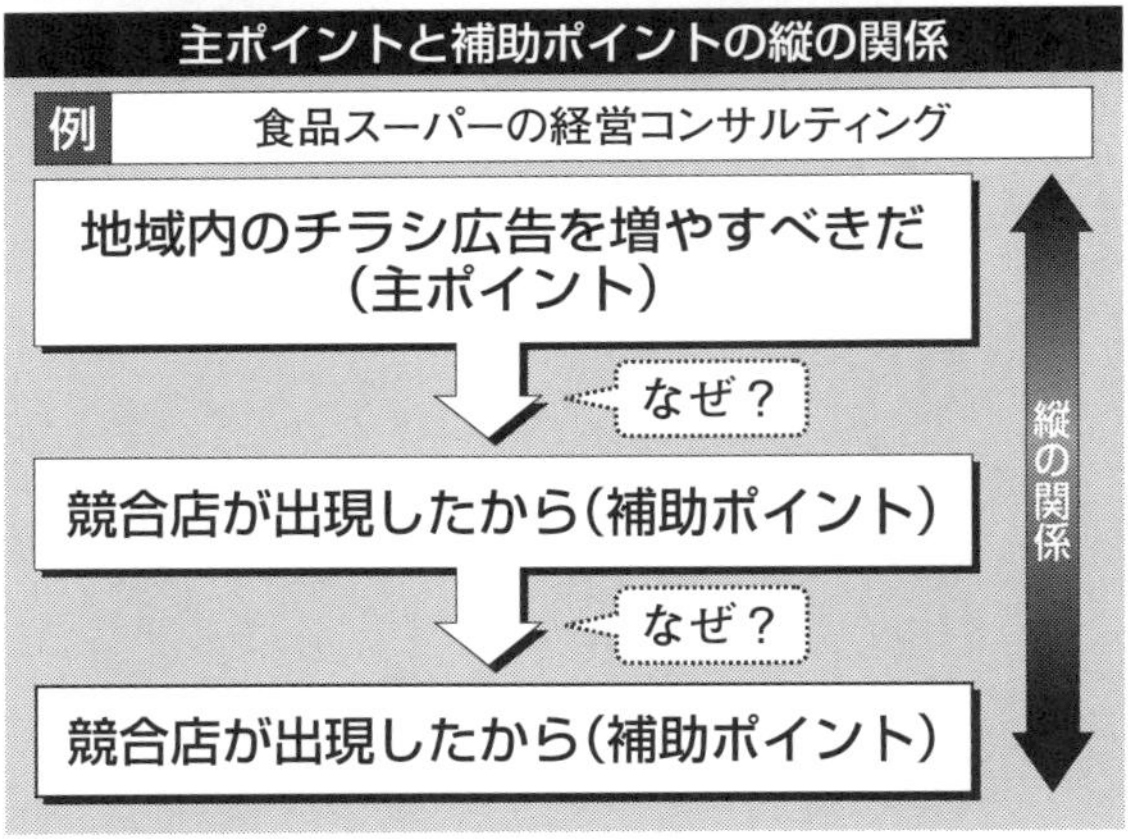
主ポイントと補助ポイントの縦の関係
例
食品スーパーの経営コンサルティング
地域内のチラシ広告を増やすべきだ（主ポイント）
なぜ？
競合店が出現したから（補助ポイント）
なぜ？
競合店が出現したから（補助ポイント）
縦の関係

ッセージを与えました。社長の頭の中では、自動的に論理的疑問が生じ、「なぜだ?」と疑問を抱くでしょう。そこであなたは、ピラミッドを一つ下に降りて、その疑問に答えるべく理由を展開します。「競合店が出現したから、A店舗の立地環境が変化したから」と。その答えを聞き、社長はさらに疑問を抱きます。「どのような競合店が出現したのか?」「立地環境がどのように変化したのか」と。そこであなたは、その疑問に答えるべく、さらに1段ピラミッドを降りてそれに答えていきます。そして社長が疑問を抱かなくなるまでこの質疑応答を繰り返すことになります。

このようにして、読み手にわかりやすくメッセージを伝えることができます。

8-3 ピラミッド構造の詳細②　〜補助ポイント同士の横の関係〜

【ポイント!】MECEでなければ〝恣意的な提案〟としてゴミ箱行きを覚悟しよう。

読み手に対してわかりやすくメッセージを伝えるとき、もう一つ横の広がり（**補助ポイント同士の横の関係**）を考慮に入れなければなりません。これはロジックツリーのところでも見てきたいわゆる「MECE」の部分です。

前述のA店舗の閉鎖の例でいうと、「A店舗は閉鎖しなければならない」というメインの主張に対し、聞き手（読み手）が「なぜだ?」と疑問を持ったとき、まず一つピラミッドを下へ降りて、その考えられる理由をモレ・ダブりなく挙げなければなりません。

例「既存の政党への不信が強まっている」

理由①「A県の衆議院選で無所属候補が議席を独占した」

ピラミッド構造の詳細②

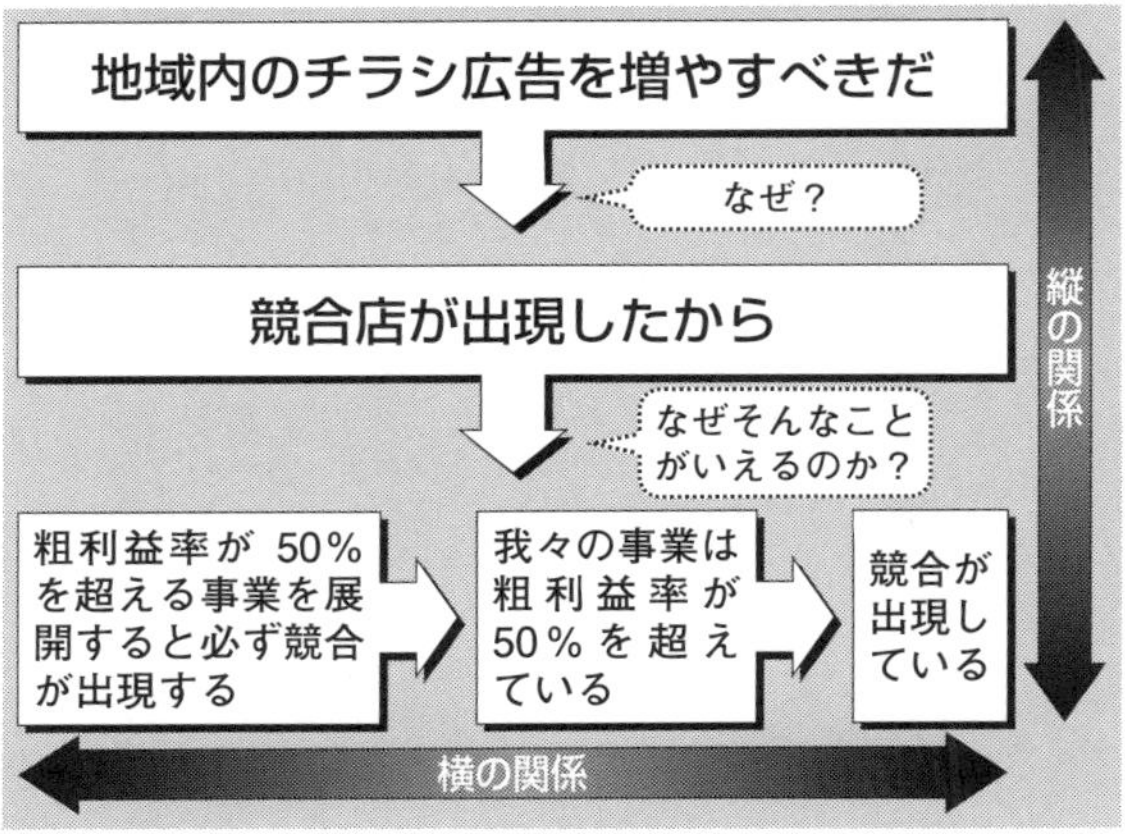
地域内のチラシ広告を増やすべきだ
なぜ？
競合店が出現したから
なぜそんなことがいえるのか？
粗利益率が 50%を超える事業を展開すると必ず競合が出現する
我々の事業は粗利益率が50%を超えている
競合が出現している
縦の関係
横の関係

理由②「B市の補欠の市長選で、無所属候補が当選した」

理由③「C県知事選は、与野党相乗り候補が落選した」

前述のとおり、帰納法は、複数の観察された事実や意見の類似性から結論を導く方法ですが、帰納法を使ったグルーピングは、モレがなく、かつレベルがそろっていなければなりません。

仮に①だけを理由に「既存の政党への不信が強まっている」と言うには十分ではない可能性があります。国民の信を問う選挙は衆参院選挙のみならず、都・道・府・県知事の選挙、そして市町村区の首長選挙まであるからです。

8-4 ピラミッド構造の詳細③ ～導入部のストーリー展開～

【ポイント!】導入部で相手の期待を裏切ろう!

文章やプレゼンの「**導入部**」は非常に重要な意味を持っています。まず読み手をひきつけなければならないからです。この部分がよくないと、たとえ中身の論理展開が極めて精緻につくられていたとしても、多忙なビジネスパーソンは読んでくれないかもしれません。

重要なことは、まず読み手・聞き手に疑問を抱かせることです。バーバラ・ミントは、その疑問の由来は、以下のような古典的なストーリー展開にあると述べています。

①**状況**……まず読み手がすでに知っていることや周知の事実を述べます。そこで読み手をまずテーマについて認知させます(例:新規事業を始めた)。

②**複雑化**……「状況」においては、読み手は「そんなことはもうわかっている」と思って

ピラミッド構造の詳細③

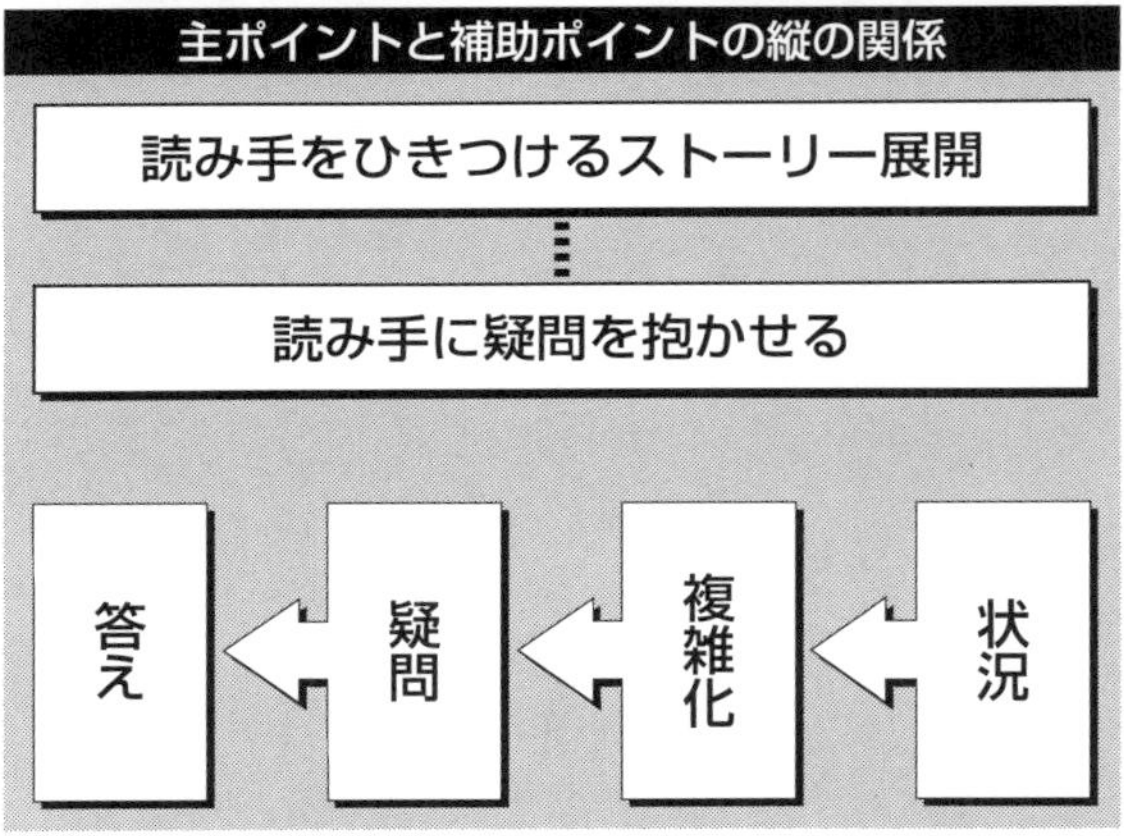

いるはずです。そこで、すでに知っている状況に変化を起こします。これが複雑化です。具体的に言うと、論理的な矛盾が生じた、問題が発生した、などです（例：新規事業は問題だらけだ）。

③疑問……複雑化によって読み手は疑問が湧くことになります。そして以下の文章にはその疑問に答えが書いてあるんだということをわからせ、先に進んでもらいます（例：どうすればよいのか）。

④答え……あとは、Q&A形式に従って、縦の関係と横の関係を使って、疑問に答えていきます（こうすべきだ）。

8-5 ピラミッド構造の作り方

【ポイント!】2つのアプローチを使いこなそう! 習うより慣れろ!

実際のピラミッド構造の作り方を説明します。ピラミッドの上（結論）から下（説明）へ作っていく方法と、ピラミッドの下（説明）から上へ作っていく方法の2つです。

①トップダウン型アプローチ

自分が一番言いたいことがはっきりしている場合に用いると効果的です。まず主たる考えを述べ、そのあとにピラミッド構造での下のレベルにおける個々の考えを1つひとつ説明していく方法です。Q&A形式に従って、上から下へとピラミッドを作っていきます。

作成に当たり、ピラミッドの3つの基礎構造（**主ポイントと補助ポイントの縦の関係**、**補助ポイント同士の横の関係**、導**入部のストーリー展開**）を考慮に入れ、作成していきます。

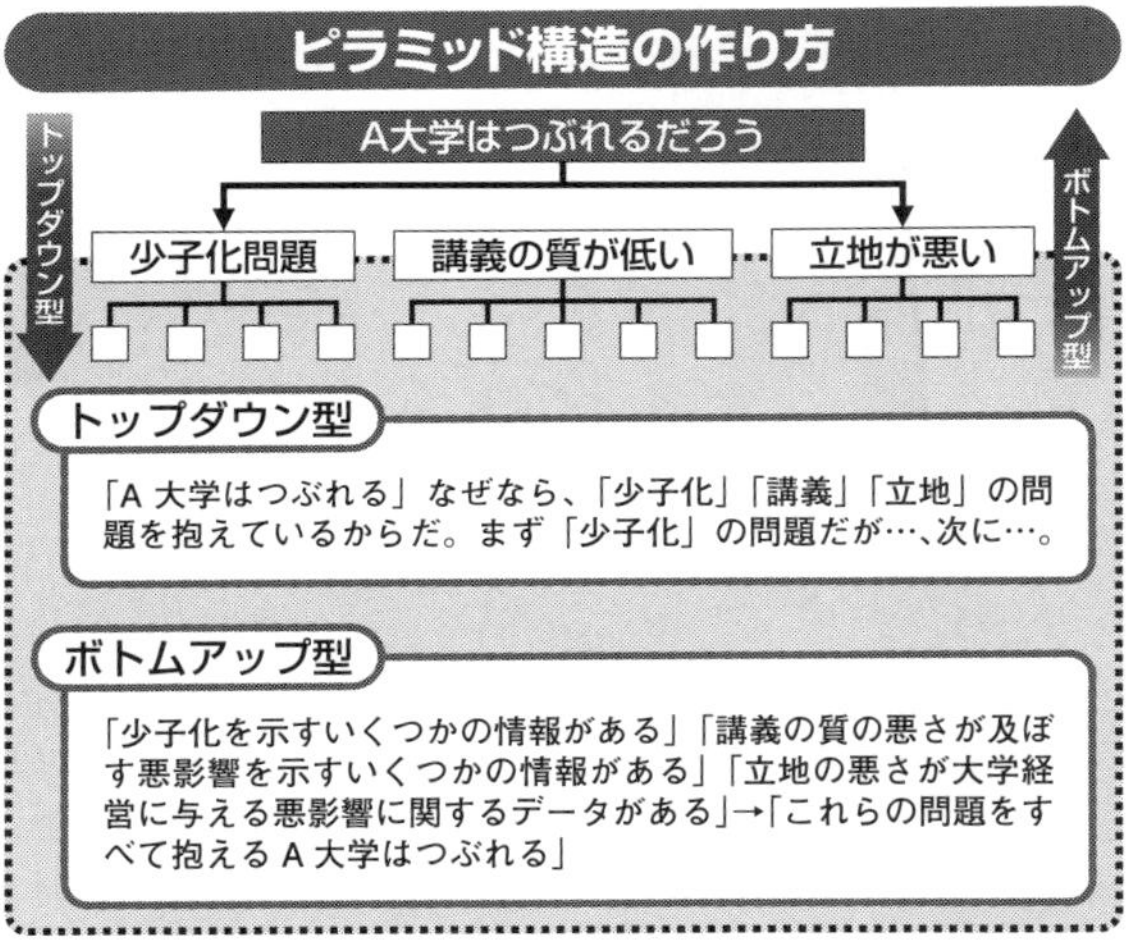
ピラミッド構造の作り方
A大学はつぶれるだろう
トップダウン型
ボトムアップ型
少子化問題
講義の質が低い
立地が悪い
トップダウン型
「A 大学はつぶれる」なぜなら、「少子化」「講義」「立地」の問題を抱えているからだ。まず「少子化」の問題だが…、次に…。
ボトムアップ型
「少子化を示すいくつかの情報がある」「講義の質の悪さが及ぼす悪影響を示すいくつかの情報がある」「立地の悪さが大学経営に与える悪影響に関するデータがある」→「これらの問題をすべて抱える A 大学はつぶれる」

②ボトムアップ型アプローチ

言いたいことが自分でも今ひとつわかっていない場合に用います。まず自分の言いたいことをすべてリストアップします。そして、それらがどのような関係にあるか、そこから何を導けるかを下のレベルから順に考えます。そして、そこから結論を導いていきます。

ただし、最後に文書にするときには、結論から書き始めることを忘れないでください。

あくまでピラミッド構造を作る上で、ボトムアップに考えて、結論を導き出すということです。結論が出て、実際のアウトプット（文章）を作成するときは、Q&A形式に従って上から下へと展開していきます。

COLUMN

〈コラム③〉ロジックツリーとピラミッド構造

物事を論理的に構造化するためのこの2つですが、違いはどこにあるのでしょう。
類書には「ロジックツリーはトップダウン、ピラミッド構造はボトムアップ」といった説明もあるようですが、本文で説明した通り、ピラミッド構造の構成アプローチにはトップダウンとボトムアップの両方が存在します

ピラミッド構造を唱えるバーバラ・ミントは、もともとコミュニケーション用にプレゼンや論文、提案書等に活用する例として「ピラミッド構造」にまとめましょう、と説明しています。
他の理論もそうですが、新たなネーミングがつくとただそれを暗記して覚えよう、とするのはそもそもクリティカルシンキングのアプローチとしては好ましくありません。ゼロベースで考えてみましょう。

両方とも構成要素は因果関係とMECE。つまり、ロジックツリーは一般的に横に作られているので縦の軸がMECE、横軸が因果関係。ピラミッド構造は縦に作られているので縦の軸が因果関係、横軸がMECE。

たまたまピラミッド構造がコミュニケーション用に説明され、広く使われていますが、構成

COLUMN

要素が同じである限り、使い方はその人次第で、その読み方も自由です。

一般的にロジックツリーは課題の原因追究のツリーを作り、そこで真の原因を突き止めた後、その突き止めた原因をアタマにして問題解決のツリーを作る、という使われ方がされますが、それをどう使おうと、そのツールの構造さえ理解できていれば課題設定に使ったり（いわゆるイシューツリー）といくらでもゼロベースで応用してもいいと言えます。

■ロジックツリー

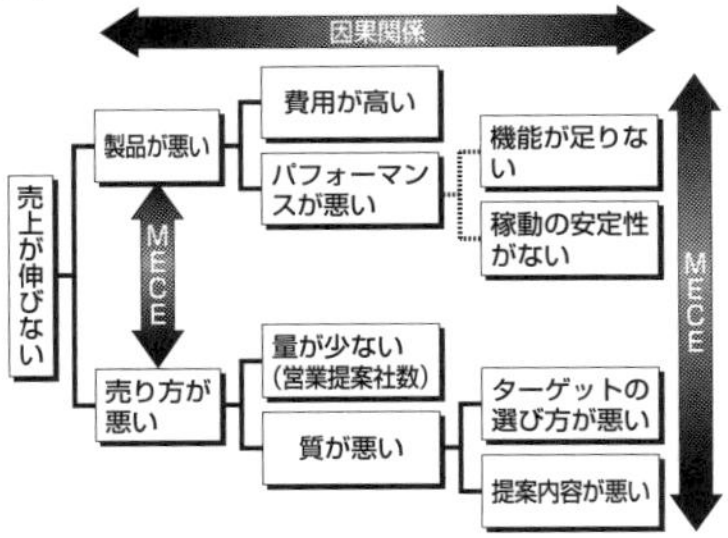

■ピラミッド構造

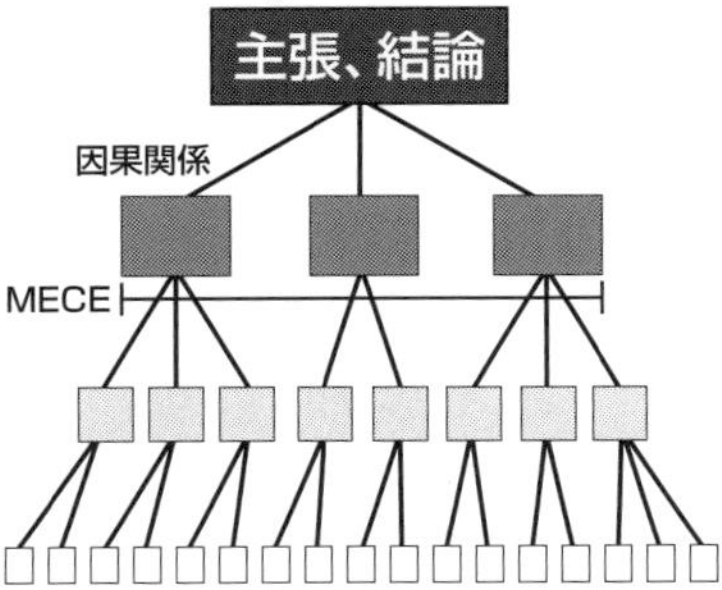

■参考文献一覧

J.C. アベグレン、BCG 著
『ポートフォリオ戦略』プレジデント社、1977 年
M.E. ポーター著『競争優位の戦略』ダイヤモンド社、1985 年
M.E. ポーター著『新訂　競争の戦略』ダイヤモンド社、1995 年
M.E. ポーター著『競争戦略論　Ⅰ、Ⅱ』ダイヤモンド社、1999 年
イーサン・M・ラジエル著、嶋本恵美、田代泰子訳
『マッキンゼー式　世界最強の仕事術』英知出版、2001 年
イーサン・M・ラジエル、ポール・N・フリガ著、嶋本恵美、上浦倫人訳
『マッキンゼー式　世界最強の問題解決テクニック』英知出版、2002 年
グロービス・マネジメント・インスティテュート著
『MBA クリティカルシンキング』ダイヤモンド社、2001 年
グロービス・マネジメント・インスティテュート著
『［新版］MBA マネジメント・ブック』ダイヤモンド社、2002 年
バージニア・アンダーソン、ローレン・ジョンソン著、伊藤武志訳
『システム・シンキング』日本能率協会マネジメントセンター、2001 年
バーバラ・ミント著、グロービス・マネジメント・インスティテュート監訳、山崎康司訳
『考える技術・書く技術』ダイヤモンド社、1999 年
フィリップ・コトラー著、小坂恕、疋田聡、三村優美子訳
『マーケティング・マネジメント（第 7 版）』プレジデント社、1996 年
齋藤嘉則著
『問題解決プロフェッショナル「思考と技術」』ダイヤモンド社、1997 年
齋藤嘉則著
『問題解決プロフェッショナル「構想力と分析力」』ダイヤモンド社、2001 年
齋藤嘉則著『戦略シナリオ「思考と技術」』東洋経済新報社、1998 年
照屋華子、岡田恵子著『ロジカルシンキング』東洋経済新報社、2001 年
野口吉昭編、HR インスティテュート著
『ロジカルシンキングのノウハウ・ドゥハウ』PHP 研究所、2001 年
柳田邦男著『この国の失敗の本質』講談社、1998 年
渡辺パコ著『論理力を鍛えるトレーニングブック』かんき出版、2001 年
Robert S.Kaplan and David P.Norton
"Using The Balanced Scorecard as a Strategic Managemen system"
Harvard Business Review, 1996
山中英嗣著『クリティカルシンキングの教科書』PHP 研究所、2011 年

■監修
青井倫一（あおい・みちかず）
東京大学工学部、同大学院経済学研究科博士課程を経て、ハーバード大学ビジネススクール博士課程修了、同経営学博士。慶應義塾大学ビジネススクール助教授、教授、研究科委員長兼校長、慶應義塾評議員を歴任して2011年慶應義塾大学名誉教授。現在、明治大学専門職大学院グローバル・ビジネス科教授。2016年没。

■編著者
グローバルタスクフォース
事業部マネジャーや管理本部長、取締役や監査役を含む主要ラインマネジメント層の採用代替手段として、常駐チームでの事業拡大・再生を支援する経営コンサルティング会社。2001年より上場企業の事業拡大・企業再生を実施。上場廃止となった大手インターネット関連企業グループの再生のほか、約50のプロジェクトを遂行する実績を持つ。主な著書に「通勤大学MBA」シリーズ、『ポーター教授「競争の戦略入門」』（以上、総合法令出版）、『わかる！MBAマーケティング』『早わかりIFRS』（以上、PHP研究所）、『トップMBAの必読文献』（東洋経済新報社）など約50冊がある。世界の主要ビジネススクールが共同で運営する世界最大の公式MBA組織“Global Workplace”日本支部を兼務。
URL http://www.global-taskforce.net

通勤大学文庫
通勤大学MBA 3
クリティカルシンキング〔新版〕

2002年8月8日　初版1刷発行
2013年9月4日　新版1刷発行
2021年2月16日　新版4刷発行

監　修　青井倫一
編著者　グローバルタスクフォース株式会社
装　幀　倉田明典
発行者　野村直克
発行所　総合法令出版株式会社
〒103－0001　東京都中央区日本小伝馬町15-18
EDGE小伝馬町ビル9階
電話　03-5623-5121

印刷・製本　中央精版印刷株式会社
ISBN 978-4-86280-372-6

総合法令出版ホームページ　http://www.horei.com

向けにそれぞれ以下のサービス提供・啓蒙活動をしています。

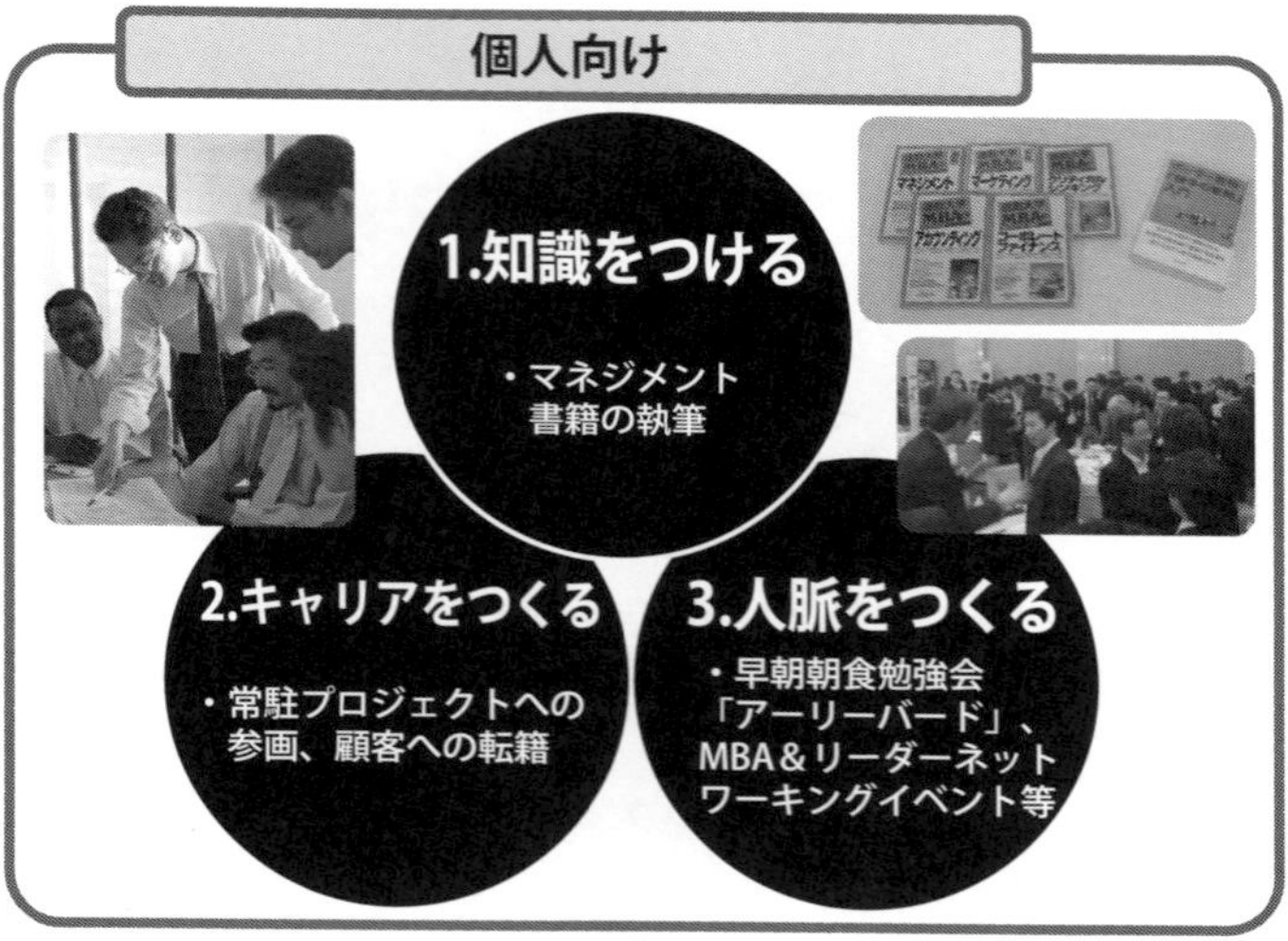

Facebook Page

WWW.facebook.com/gtaskforce

GTF のServices & Information

グローバルタスクフォースは2001年より法人顧客向け、 個人

法人向け

1.　企業再編・成長支援事業

・上場廃止企業再生、伝統的大企業再編等約60
のプロジェクト実績あり。

2.　マネジメント人材サーチ事業

・GTFのコンサルティングはライン（現場）常駐が基本。
採用手段の代替として、６か月後より雇用移行可能。

3.　マネジメント研修事業

・GTFのマネジメント研修（集合・eラーニング）は
現場でそのまま活用する現場カスタマイズが基本

Home Page

WWW.global-taskforce.net